Die verkäufliche Apothekenkonzession

nach preußischem Recht.

Von

H. Lewinsky,

Rechtsanwalt und Notar.

Springer-Verlag Berlin Heidelberg GmbH 1911

ISBN 978-3-662-32262-8   ISBN 978-3-662-33089-0 (eBook)
DOI 10.1007/978-3-662-33089-0

Inhaltsverzeichnis.

I. Vorbemerkung.

Seit dem 24. Oktober 1811 bestehen die verkäuflichen Apothekenkonzessionen, also nunmehr seit fast 100 Jahren. Ihre Entwicklung hat vielfache Schwankungen erfahren. Seit dem 21. Oktober 1846 werden sie den Privilegien gleich behandelt. Hue de Grais sagt in seinem Handbuch der Verfassung und Verwaltung, 11. Auflage, S. 339:

Die konzessionierten Apotheker durften seither beim Abgange einen befähigten Geschäftsnachfolger vorschlagen, wodurch diese Konzessionen dem Werte der Apothekenprivilegien nahekamen.

Bei Staas-Zander, Die Apothekengesetze, Berlin 1892, heißt es:

Diese scharfe Unterscheidung zwischen den privilegierten und konzessionierten Apotheken hat jedoch keine praktische Bedeutung.

Der Rechtsverkehr der Apotheker macht denn auch kaum einen Unterschied zwischen Privileg und verkäuflicher Konzession. Seit Menschengedenken dient die verkäufliche Konzession als Pfand und Kreditunterlage. Ihr Wert wird dem Werte der Privilegien gleich geschätzt. Viele Millionen des deutschen Kapitals finden ihre ausschließliche Deckung in dem Werte der verkäuflichen Konzession. Sie wird tagtäglich im Rechtsverkehr der Apotheker mit vielen Hunderttausenden von Mark bezahlt.

Die rechtliche Behandlung der verkäuflichen Konzession ist gleichwohl in der Praxis der Verwaltungsbehörden und Gerichte widerspruchsvoll und verworren. Es herrscht über die grundlegenden Rechtsfragen, die die verkäuflichen Konzessionen betreffen, unleugbar eine Rechtsunsicherheit; besonders bei Zwangsversteigerungen ist diese Rechtsunsicherheit unhaltbar. Die wirtschaftlich gesicherte Lage der Apotheker mochte alle diese Rechtsfragen früher als theoretische erscheinen lassen. Die zunehmenden wirtschaftlichen Schwierigkeiten, die nicht selten Zwangsversteigerungen von Apotheken mit verkäuflicher Konzession zeitigen, machen alle diese Fragen zu aktuellen. Es soll deshalb eine Darstellung des für die verkäuflichen Apothekenkonzessionen geltenden Rechtszustandes versucht werden.

Diese Darstellung muß notwendig von der geschichtlichen Entwicklung der verkäuflichen Apothekenkonzession ausgehen, worauf schon die gelehrte Schrift von Duden (Einige Worte über den Rechtszustand in den preußischen Rheinprovinzen und ihr Verhältnis zu den Privilegien der Apotheken, Bonn 1835, S. 17) hinweist.

II. Die geschichtliche Entwicklung der verkäuflichen Apothekenkonzession.

Die geschichtliche Entwicklung der verkäuflichen Apothekenkonzession läßt sich in drei Zeitabschnitte zerlegen, einmal in die Entwicklung vom Gewerbeedikt vom 2. November 1810 an bis zur Kabinettsorder vom 5. Oktober 1846, sodann in die Entwicklung von der Kabinettsorder vom 5. Oktober 1846 bis zur Kabinettsordre vom 7. Juni 1886 und endlich in die Entwicklung seit der Kabinettsorder vom 7. Juni 1886 bis zur Kabinettsorder vom 30. Juni 1894.

a) Die Zeit vom Gewerbeedikt vom 2. November 1810 bis zur Kabinettsorder vom 5. Oktober 1846.

Bereits das Allgemeine Landrecht kennt Apothekenkonzessionen und nicht nur Privilegien. Es spricht im § 463 ALR. II, 8 von Apothekenkonzessionen und verordnet, daß die Apothekenkonzessionen nach den Vorschriften von Privilegien zu beurteilen sind. Die beiden Gesetzesbestimmungen lauten wörtlich:

§ 462 ALR. II, 8

Das Recht, zur Anlegung neuer Apotheken Erlaubnis zu geben, kommt allein dem Staate zu.

§ 463 ALR. II, 8.
> Dergleichen neue Konzessionen sind nach den Vorschriften von
> Privilegien zu beurteilen.

Jedoch auch vor Inkrafttreten des Allgemeinen Landrechts bestanden Apothekenkonzessionen, welche stets den Privilegien gleich behandelt wurden. Die Berechtigung zum Apothekergewerbe wurde entweder vom Landesherrn verliehen und dann in der Form des Privilegiums, oder von den Städten, und diese bezeichneten die Apothekenberechtigung als Konzession. Friedrich Wilhelm I. erließ in der Absicht, die Apothekenprivilegien in Berlin zu vermindern, wiederholt Befehle, bei der Subhastation einer privilegierten Apotheke das Privilegium nicht mit zum Verkauf zu bringen. (Med.-Ed. S., 51 ff. Lindes, Das Apothekenwesen, 1843, S. 212.) Es wurde also damals auch die Veräußerlichkeit der Privilegien in Zweifel gezogen; gleichwohl hat man nicht lange nachher die Vererblichkeit und Veräußerlichkeit nicht nur der Privilegien, sondern auch der damaligen Konzessionen angenommen, und heute besteht ein rechtlicher Unterschied zwischen den älteren Konzessionen und Privilegien nicht mehr.

Schwierigkeiten entstanden in der Entwicklung der Gewerbeberechtigung der Apotheker, als das Gewerbeedikt vom 2. November 1810 die bei der Reorganisation Preußens zugesicherte allgemeine Gewerbefreiheit einführte. Das Edikt beginnt:

„Wir Friedrich Wilhelm, von Gottes Gnaden König von Preußen, tun kund und fügen hiermit zu wissen:

In dem Edikt über die Finanzverwaltung vom 27. v. Mts. haben Wir Unseren getreuen Untertanen die Notwendigkeit eröffnet, in der Wir Uns befinden, auf eine Vermehrung der Staatseinnahmen zu denken.

Unter den Mitteln zu diesem Zweck hat Uns die Einführung einer Allgemeinen Gewerbesteuer für Unsere getreuen Untertanen weniger lästig geschienen, besonders da Wir damit die Befreiung der Gewerbe von ihren drückendsten Fesseln verbinden, Unseren Untertanen die ihnen beim Anfange der Reorganisation des Staates zugesicherte vollkommene Gewerbefreiheit gewähren und das Gesamtwohl derselben auf eine wirksame Weise befördern können. Wir verordnen daher und setzen fest:

§ 1. Ein jeder, welcher in unseren Staaten, es sei in den Städten oder auf dem platten Lande, sein bisheriges Gewerbe fortsetzen oder ein neues unternehmen will, ist verpflichtet, einen Gewerbeschein darüber zu lösen und die in dem beigefügten Tarif A angesetzte Steuer zu zahlen.

§ 2. Der Gewerbeschein gibt demjenigen, auf dessen Namen er ausgestellt ist, die Befugnis, ein Gewerbe fortzusetzen oder ein neues anzufangen."

Von diesem Rechtsgrundsatze allgemeiner Gewerbefreiheit kennt das Edikt nur folgende Ausnahmen:

„§ 21. Zu Gewerben, bei deren ungeschicktem Betriebe gemeine Gefahr obwaltet, oder welche eine öffentliche Beglaubigung oder Unbescholtenheit erfordern, können nur dann Gewerbescheine erteilt werden, wenn die Nachsuchenden zuvor den Besitz der erforderlichen Eigenschaften auf die vorgeschriebene Weise nachweisen. Zu diesen gehören jedoch nur . . . .
3. Apotheker und Laboranten.“

Nach diesen Bestimmungen wäre also der Betrieb der Apotheke lediglich von dem Nachweise der Approbation und dem Besitze eines Gewerbescheins abhängig gewesen. Dadurch hätte das Gewerbeedikt eine allgemeine Gewerbefreiheit für Apotheker in unserm heutigen Sinne eingeführt; doch eine derartige Gewerbefreiheit hat trotz des Gewerbeedikts niemals bestanden; denn stets ist zum mindesten eine Bestätigung der Konzession der Apotheker durch das Ministerium erforderlich gewesen (vgl. Ziurek, Sammlung der Gesetze und Verordnungen für den Verkehr mit Arzneien, Berlin 1855, S. 23), und schon das Gesetz über die politischen Verhältnisse der Gewerbe vom 7. September 1811 bestimmte, und zwar kaum 1 Jahr später, im § 89:

„Apothekern und Laboranten darf der Gewerbeschein nur auf ein Zeugnis der Provinzialregierung erteilt werden, daß sie zur Ausübung ihres Geschäfts geeignet sind“,

fügt jedoch hinzu:

„Wie weit die Anlage neuer Apotheken zu gestatten sei, wird durch ein besonderes Gesetz bestimmt.“

Dieses besondere Gesetz erging kurze Zeit darauf unterm 24. Oktober 1811 in der bekannten Königlichen Verordnung wegen Anlegung neuer Apotheken, die noch heute in Geltung ist.

Dieselbe hat folgenden Wortlaut:

„Kgl. Verordnung wegen Anlegung neuer Apotheken.
Vom 24. Oktober 1811 (PrGS., S. 356.)

Wir Friedrich Wilhelm, von Gottes Gnaden König von Preußen usw., haben, da die bisherigen polizeilichen Gesetze darüber,
unter welchen Umständen die Anlegung neuer Apotheken zu gestatten oder zu versagen sei?
unzulänglich und mangelhaft befunden worden, folgendes zu beschließen geruht:

§ 1. In Absicht der vorschriftsmäßigen Prüfung und Qualifikation der Apotheker, sowie ihrer Legitimation, um den Gewerbeschein zum Betriebe ihres Gewerbes lösen zu können, behält es bei den schon bestehenden Gesetzen sein Bewenden, und versteht es sich von selbst, daß auch, wer eine neue Apotheke anlegen will, allen desfallsigen Forderungen zu genügen hat.

§ 2. Die Anlegung neuer Apotheken findet wie in Städten, so in Flecken und Dörfern nur statt, wenn das Bedürfnis einer Vermehrung derselben erwiesen ist.

§ 3. Wenn der Kreisphysikus im Einverständnis mit der Polizeibehörde (in den größeren Städten sind es die Magistrate oder Polizeipräsidien, in den kleineren Städten oder in Flecken, die unter der Kreispolizei stehen, ist es diese) die Anlage einer neuen Apotheke aus Gründen nötig finden, so suchen sie von der Medizinaldeputation der Provinzialregierung die Erlaubnis dazu nach.

§ 4. Für zureichende Gründe werden angenommen:

eine bedeutende Vermehrung der Volksmenge, bedeutende Erhöhung ihres Wohlstandes.

§ 5. Findet die Medizinaldeputation die angegebenen Gründe hinreichend und klar, so erteilt sie die Erlaubnis zur Anlage einer neuen Apotheke, wenn

entweder noch gar keine Apotheke am Orte vorhanden ist, oder wenn der oder die schon vorhandenen Apotheker nach vorhergegangener Aufforderung der Ansetzung eines neuen nicht widersprechen oder ihren Widerspruch nicht begründen können.

§ 6. Ist die Medizinaldeputation der Meinung, daß ein solches Widerspruchrecht begründet sei, so überläßt sie nach der genauesten Ausmittlung aller Umstände die Sache dem allgemeinen Polizeidepartement zur Entscheidung.

§ 7. In den drei großen Städten Berlin, Königsberg und Breslau wird die Entscheidung der Frage über die Anlegung neuer Apotheken von dem Polizeipräsidio, im Einverständnis mit dem Stadtphysikus, allemal unmittelbar von dem Allgemeinen Polizeidepartement nachgesucht.

§ 8. Dieses bestimmt, wenn der Vorteil des Ganzen die Anlegung neuer Apotheken erfordert, die Entschädigung der bis dahin bestandenen nach den Grundsätzen des über die polizeilichen Verhältnisse der Gewerbe erschienenen Gesetzes vom 7. September d. J.

§ 9. Die Bestimmung, inwiefern mit den Apotheken der kleineren Städte Gewürzkram oder Materialhandel verbunden sein dürfe, gebührt allemal den Polizei- und Medizinaldeputationen der Provinzialregierungen.

Schon diese Verordnung läßt deutlich erkennen, daß die verkäufliche Konzession in Analogie des Privilegs geregelt ist, und daß die Rechtssätze, die für das Privileg gelten, entsprechend auf die Konzession angewendet sind.

Der § 6 der Apothekenordnung vom 11. Oktober 1801 bestimmt über Verleihung neuer Apothekenprivilegien.

„Wenn an einem Orte, wo bereits privilegierte Apotheken vorhanden, neue Apotheken-Privilegia nachgesucht werden, so wird das Finanz-Departement zuvor mit dem Medizinal-Departement darüber konzertieren, weil die zu große Konkurrenz derselben der treuen Ausübung der Kunst schädlich ist, doch müssen sich die Apotheker eines solchen Orts den gemeinschaftlichen Beschluß dieser Behörden gefallen lassen."

Die Neubegründung eines Privilegs setzte voraus:

1. ein Gesuch um Verleihung eines Privilegiums,
2. die landesherrliche Verleihung (§ 1 der Apothekenordnung),
3. die Feststellung des Bedürfnisses durch übereinstimmenden Beschluß des Finanz- und Medizinal-Departements.

Daß der übereinstimmende Beschluß des Finanz- und Medizinal-Departements erst die Bedürfnisfrage festzustellen hatte, ergibt der Sinn des § 6, besonders der Satz: „weil die zu große Konkurrenz der treuen Ausübung der Kunst schädlich ist".

Ähnlich, jedoch ausführlicher ist das Verfahren bei Neuverleihung von Konzessionen geregelt, und wohl unbedenklich hat der § 6 der Apothekenordnung die Grundlage der Verordnung vom 24. Oktober 1811 gebildet. Das Reskript des Kultusministers vom 27. Dezember 1818 bestätigt diese Ansicht und ergibt, daß an die Stelle der Verleihung des Privilegs die Verleihung der Konzession getreten ist, und daß diese Konzession analog dem Personalprivileg als eine persönliche Gewerbeberechtigung verliehen ist. Dieses Reskript ist in den Annalen von Kamptz, Bd. 7, H. 3, S. 992 und bei Lindes, Das Apothekenwesen, 1843, S. 216 zitiert. Es lautet:

Dem Antrag der Königl. Regierung in dem Berichte vom 11. v. M., für den bereits approbierten Apotheker N. N. eine besondere Konzession mit Rücksicht auf seinen Ankauf der E . . . schen Apotheke zu N. N. ausfertigen zu lassen, liegt ein Mißverständnis der in neuerer Zeit in der Approbationsformel aufgenommenen Bestimmungen zum Grunde, daß der Inhaber für fähig erachtet worden, innerhalb der Königl. Staaten eine Apothekenkonzession nachzusuchen. Nach dem § 1 Tit. 1 der Revid. Apothekenordn. wird, um die Apothekerkunst ausüben zu dürfen, erfordert:

a) ein landesherrliches Privilegium,
b) zugleich ein Approbationspatent.

Das letztere als der Beweis, daß der Inhaber die nötigen Kenntnisse und Fertigkeiten besitze, die von dem Eigentümer einer Apotheke gefordert werden müssen, ist nach wie vor von jedem zu erfordern, der sich als Apotheker etablieren will. Anders verhält es sich nach den neuern Gewerbsgesetzen mit dem ad a) erforderten landesherrlichen Privilegio. Wenngleich alle früher bestandenen Apotheken-Privilegien durch diese neuern Gewerbsgesetze ihre Exklusivität verloren haben, so sind doch dieselben in den ältern Königl. Provinzen, wo das Gesetz vom 7. September 1811 mit seinen späteren Deklarationen und Abänderungen zur Anwendung gekommen ist, Realprivilegien geblieben, insoweit sie solche früher gewesen sind. Für denjenigen persönlich qualifizierten Apotheker, der ein solches Realprivilegium erwirbt, besteht also die von der Königl. Regierung ihm auszufertigende Konzession nur in der auf den geführten Nachweis seiner persönlichen Qualifikation und des Erwerbs des Realprivilegii ihm auszufertigenden Genehmigung, daß er mit Rücksicht auf diesen Nachweis das Apothekergewerbe betreiben dürfe. Wo die Apothekenprivilegien etwa niemals Realprivilegien gewesen sein sollten, sowie in denjenigen Provinzen, in welchen durch die Gesetze der Fremdherrschaft die Gewerbsprivilegien gänzlich aufgehoben sind, kann natürlich von dem Erwerb eines noch bestehenden Apothekenprivilegii nicht die Rede sein, vielmehr ist in allen diesen Landesteilen die Konzession, deren der Apotheker außer der Approbation zum Betriebe seines Gewerbes bedarf, nur, wie Erlaubnis zum Betriebe jedes andern Gewerbes, eine bloß persönliche Berechtigung, die nach den medizinalpolizeilichen Vorschriften nur erteilt werden kann, wo entweder bisher schon eine Apotheke bestanden hat, und, daß auch ferner eine existiere, für zweckmäßig anerkannt wird, oder aber die Eröffnung einer neuen Apotheke für zulässig erachtet werden muß. Auch in denjenigen wiedererworbenen Provinzen, in welchen das Allg. LR. wieder eingeführt ist sind hierdurch die von der vorigen Herrschaft aufgehobenen Gewerbsprivilegien, wie sich von selbst versteht, nicht wieder aufgelebt, sowie ferner überall, wo die Erlaubnis zur Eröffnung einer bisher nicht vorhanden gewesenen Apotheke erteilt wird, hierdurch kein vererbliches und veräußerliches Privilegium entsteht, sondern eine nur persönliche Gewerbsberechtigung, deren Ausfertigung der Königl. Regierung überlassen bleibt. Lediglich um diesen verschiedenen möglichen Fällen das Approbations-Formular anzupassen, ist darin die obenerwähnte Bestimmung aufgenommen worden, daß der Inhaber eine Apotheken-Konzession nachzusuchen für fähig erachtet worden sei.

Berlin, den 27. Dezember 1818.

Ministerium der geistlichen, Unterrichts- und Medizinal-Angelegenheiten.
v. Altenstein.

Durch die Allerhöchste Verordnung vom 24. Oktober 1811 ist sonach die Apothekenkonzession für Preußen eingeführt worden, allerdings als Personalkonzession, aber analog dem Personalprivileg des § 2 der Apothekenordnung. Aber ebenso wie das Personalprivileg ist die reine Personalkonzession kaum

je zur Durchführung gelangt. (Vgl. auch Pistor, Das Apotheken=
wesen in Preußen, 1894, S. 27.)

Zunächst gestattete man, daß die Konzession nach dem Tode
des Konzessionars von dessen Witwe und Kindern weiter aus=
geübt werden dürfte; sie wurde also in der näheren Familie
vererblich; die Kinder hatten das Recht, die Konzession ihres
verstorbenen Vaters weiter auszuüben, aber nur bis zu ihrer
Großjährigkeit, die Witwe bis zu ihrem Tode oder ihrer Wieder=
verheiratung. War ein Sohn qualifizierter Apotheker, so ging
die Konzession auf ihn über, ebenso wenn er bis zur Groß=
jährigkeit die Befähigung zur Ausübung des Apothekerberufs
erwarb. Heiratete die Tochter bis zur Großjährigkeit einen
qualifizierten Apotheker, so konnte auch sie die Konzession
ausüben.

Auch diese Entwicklung ist dem Rechte des Privilegs ent=
lehnt; es wurden nämlich bald nach Erlaß der Verordnung
vom 24. Oktober 1811 die beiden, für das Privileg geltenden
Bestimmungen der Apothekenordnung, und zwar die §§ 4 und 5,
analog auf die Konzession ausgedehnt. Die §§ 4 und 5 der
Apothekenordnung bestimmen:

§ 4.

Nur den Witwen eines privilegierten Apothekers während ihres Witwen=
standes und den minorennen Kindern desselben bis zu ihrer Großjährigkeit
soll es nach wie vor vergönnt sein, die Apotheke durch einen qualifizierten
Provisor verwalten zu lassen.

§ 5.

Sobald indes ein Sohn, welcher die Apothekerkunst gelernt hat, solche
annehmen oder eine Tochter an solchen sich verheiraten will, so hört die
Administration derselben auf, und der Annehmer muß die Miterben nach
einer billigmäßigen Taxe abfinden, da dem Staat daran gelegen ist, daß die
Apotheken sich in den Händen gelernter Apotheker befinden und nicht durch
den Weg der Versteigerung zu gar zu hohen Preisen getrieben
werden.

Nebenbei bemerkt, ist es nicht ohne Interesse, daß schon
die Apothekenordnung vom Jahre 1801 über die hohen Ver=
kaufspreise der Apotheken klagt und es verhindern will, daß die
Apotheken durch den Weg der Versteigerung nicht zu gar zu
hohen Preisen getrieben werden.

Man muß annehmen, daß ein Bedürfnis zu einer weiteren Vererblichkeit und Veräußerlichkeit damals nicht bestand. Man hat in der Zeit von 1811 bis 1824 tatsächlich wohl immer die Aepotheke in der näheren Familie vererbt; denn Klagen un Beschwerden über die beschränkte Vererblichkeit und die beschränkte Veräußerlichkeit sind aus jener Zeit nicht nachzuweisen.

Erst durch den Erlaß vom 18. Dezember 1824 scheint ein Antrag auf unbedingte und unbeschränkte Vererblichkeit und Veräußerlichkeit abgelehnt zu sein. Dieser Erlaß zeigt aber deutlich, daß im Jahre 1824 die beschränkte Vererblich= keit und Veräußerlichkeit der Konzession in der Familie in Analogie der Bestimmungen der §§ 4 und 5 der Apotheken= ordnung für das Privileg schon lange geltendes Recht war. Der Erlaß stellt den damals schon lange bestehenden Rechts= zustand wie folgt dar:

Die Genehmigung der Vorschläge des Königlichen Medizinal=Kollegiums, welche in dem über die wünschenswerte Verminderung der Apotheken in den Rheinprovinzen unterm . . . . erstatteten Berichte enthalten sind, muß das Ministerium unter allen Umständen für bedenklich halten, und zwar um so mehr, da durch die bestehenden Verwaltungs=Grundsätze für diesen Gegen= stand bereits so weit gesorgt zu sein scheint, als es ohne Unbilligkeit ge= schehen kann.

Das Ministerium will in dieser Hinsicht nur auf die Verhandlungen über den Verkauf der Offizin des Apothekers N. in N. aufmerksam machen, welcher nach der Verfügung des Königlichen Oberpräsidiums vom 23. Juni v. J. nicht gestattet worden ist. Die Fortsetzung einer schon bestehenden Apotheke ist also nur in folgenden Fällen möglich:

1. wenn sie auf einem Real=Privilegio beruht, ein Fall, der in den Rheinprovinzen nicht vorkommen kann;
2. wenn die Witwe des Apothekers das Gewerbe ihres Mannes fort= setzen will, bis zu ihrem Tode oder ihrer Verheiratung;
3. wenn der Sohn ein qualifizierter Apotheker ist oder im Fall der Minderjährigkeit es bis zur Erreichung der Majorennität noch wird;
4. wenn die Tochter noch minorenn ist und bis zur erlangten Majorennität sich an einen qualifizierten Apotheker verheiratet.

Sobald dagegen ein Apotheker, der keine Real=Gerechtigkeit besitzt, oder dessen vorstehend unter 2, 3, 4 gedachte Erben das Gewerbe aufgeben, so hängt es von der betreffenden Regierung ab, keinem anderen Apotheker die Konzession für den Ort zu erteilen, und somit die Apotheke eingehen zu lassen; ebenso steht es ihr ganz frei, wem sie eventualiter die Konzession er= teilen will, so daß also der Konzessionierte ganz freie Wahl hat, von dem vorigen Besitzer der Apotheke das Haus, das vorhandene Inventarium ꝛc.

zu kaufen oder ihm dessen anderweiten Verkauf zu überlassen und sich das Benötigte selbst anzuschaffen.

Das Königliche Medizinal-Kollegium wird sich hieraus überzeugen, daß den Behörden bereits sehr viel Spielraum gelassen ist, um in vorkommenden Fällen das allgemeine Beste durch die Schließung überflüssiger Apotheken ohne Beeinträchtigung des Interesses der Apotheker wahrzunehmen, welche eine ihnen nur persönlich zustehende Berechtigung (mit den wenigen unter 2, 3 und 4 erwähnten Ausnahmen) an einen Dritten nicht übertragen können. Wie dringend aber das Interesse des Publikums und der Apotheker selbst diese Ausnahmen erheischt, ist in der, dem dortigen Königlichen Ober-Präsidium zugefertigten Verfügung an die Regierung zu Köln vom 18. v. M. ausführlich erörtert worden.

Gesetzlich sanktioniert wurde der seit langem bestehende Rechtszustand der Vererblichkeit und Veräußerlichkeit in der nächsten Familie erst 3 Jahre später durch die Kabinettsorder vom 9. Dezember 1827. Diese ist erst durch Ministerial-verfügung vom 23. Juni 1832, also 5 Jahre nach Erlaß ver-öffentlicht, ein Beweis dafür, daß die Verwaltungspraxis auch ohne eine gesetzliche Bestimmung auszukommen wußte.

Verfügung vom 23. Juni 1832 mit der Allerhöchsten Order
vom 9. Dezember 1827.

„Es ist der Fall vorgekommen, daß Regierungen über die durch das Ableben eines konzessionierten Apothekers erledigte Konzession verfügt haben. Da nun das Ministerium durch die Kabinettsorder vom 9. Dezember 1827, aus welcher die bezügliche Stelle hierneben in Abschrift erfolgt (Anlage a), autorisiert ist, in bringenden Fällen die Hinterbliebenen eines konzessionierten Apothekers ebenso zu behandeln, als die eines privilegierten, so wird die Königliche Regierung hierdurch angewiesen, allemal erst bei dem Ministerium anzufragen, ehe sie über eine erledigte Konzession anderweit verfügt.

Anlage a.

Ich autorisiere Sie, nach dem Antrage des Staats-Ministeriums, in vorkommenden Fällen die in den §§ 4 und 5 der revidierten Apotheken-ordnung vom 11. Oktober 1801 zugunsten der Hinterbliebenen eines privi-legierten Apothekers enthaltenen Vorschriften auch für die Hinterbliebenen eines konzessionierten Apothekers in Anwendung zu bringen, und überlasse Ihnen, die Regierungen hiernach anzuweisen.“

Aber die Verwaltungspraxis ging bis zum Jahre 1842 weiter. Sie führte die unbedingte Veräußerlichkeit und Vererb-lichkeit der Konzession ein und übertrug dem präsentierten Ge-schäftsnachfolger die Konzession. Bis zum Jahre 1842 hatte sich bereits derselbe Rechtszustand herausgebildet, wie er heute für die verkäufliche Konzession gilt. Sie war eine vererbliche

und veräußerliche Gewerbeberechtigung geworden. Das Präsen=
tationsrecht des Inhabers wurde anerkannt, die Konzession selbst
verkauft und im Rechtsverkehr als vollwertes Recht behandelt.

Die Reform begann mit der Kabinettsorder vom 8. März
1842; diese Kabinettsorder war aber kaum zwei Jahre in
Geltung und ist erst durch die neueste Rechtsentwicklung, näm=
lich durch die Kabinettsorder vom 30. Juni 1894, zu neuem
Leben erweckt worden. Ohne die wohlerworbenen Rechte der
Inhaber verkäuflicher Apothekenkonzessionen zu schützen und
ohne jede Entschädigung für die bestehenden verkäuflichen
Konzessionen dekretierte die Kabinettsorder vom 8. März 1842
die Unverkäuflichkeit, die reine Personalkonzession im Sinne des
modernen Rechts:

Allerhöchste Order vom 8. März 1842.

Auf den Bericht des Staats-Ministeriums genehmige Ich, daß bei
Erledigung einer bloß persönlichen Konzession zur Anlegung einer Apotheke
demjenigen, welchem in deren Stelle eine neue Konzession erteilt wird, von
der Medizinalbehörde auf Antrag des bisherigen Apothekers oder seiner
Erben zur Bedingung gestellt werden darf, die zur Einrichtung und zum
Betriebe der Offizin seines Vorgängers gehörigen, noch in gutem Zustande
befindlichen und für den Geschäftsbetrieb brauchbaren Geräte nur in einer
dem Umfange des Geschäfts angemessenen Quantität zu übernehmen. Welche
Gegenstände zu übernehmen, sowie die Quantität und der Preis derselben
ist durch Sachverständige zu bestimmen, deren einen der abgehende Apotheken-
besitzer, den zweiten der neu antretende Apotheker, und den dritten die
Regierung zu ernennen hat. Letzterer leitet das Verfahren und stellt den
Übernahmepreis fest; gegen diese Feststellung ist eine Berufung auf richter-
liche Entscheidung nicht zulässig; der neu eintretende Apotheker ist verpflichtet,
seinem Vorgänger auf dessen Verlangen die festgestellte Summe sofort bar
auszuzahlen. Die Kosten des Verfahrens sind von jedem Teile zur Hälfte
zu tragen. Zur Übernahme eines für die Apotheke eingerichteten Grundstücks
soll ein neu konzessionierter Apotheker nimals verpflichtet sein. — Diese Bestimmungen sind durch die Gesetzsammlung zur öffentlichen Kenntnis zu bringen.

Natürlich war dieser Zustand unhaltbar gegenüber den=
jenigen Konzessionaren, die ihre Konzession im Vertrauen auf
das geltende Recht mit teurem Gelde bezahlt hatten. Sie
mußte, wenn sie jemals rücksichtslos durchgeführt wäre, zum
Ruin eines großen Teils der Apotheker und zur Vernichtung
von wirtschaftlichen Werten führen; sie ist denn auch niemals
strikte zur Anwendung gebracht und blieb lediglich ein Versuch.

Schon die Kabinettsorder vom 23. Dezember 1843 führte die Vererblichkeit und Veräußerlichkeit zugunsten von Sohn und Enkel wieder ein. Diese Kabinettsorder ist durch Ministerial=reskript vom 10. Januar 1844 (Min.=Blatt, S. 14) mitgeteilt. Das Reskript lautet:

Des Königs Majestät haben auf meinen Antrag mittelst Allerhöchster Order vom 23. Dezember v. Js. mich zu ermächtigen geruht, in Fällen, wo ein bloß mit einer persönlichen Konzession versehener Apotheker seinem zur Ausübung der Pharmazie vorschriftsmäßig qualifizierten Sohn oder Enkel die Apotheke bei seinen Lebzeiten übertragen oder auch durch letztwillige Ver= fügung zugewendet hat, oder der so qualifizierte Sohn oder Enkel eines Apothekers die Apotheke aus dessen Nachlaß übernehmen will, zugunsten eines solchen Sohnes oder Enkels, insofern ich die Umstände danach angetan fände, eine Ausnahme von der sonst bei Wiederverleihung erledigter Apothekenkonzessionen in Gemäßheit der Verfügung vom 13. August 1842 (Min.=Bl., S. 320, Nr. 431) stattfindenden öffentlichen Konkurrenz eintreten zu lassen.

Die Königliche Regierung veranlasse ich in allen Fällen, in welchen unter den angegebenen Voraussetzungen eine Dispensation von der öffent= lichen Konkurrenz bei Wiederverleihung einer persönlichen Apothekenkonzession angemessen erscheint, oder von den Interessenten in Antrag gebracht wird, zu meiner Entscheidung Bericht zu erstatten.

Die Kabinettsorder vom 21. November 1844 stellte sodann die Veräußerlichkeit zugunsten des zweiten Ehemannes der über= lebenden Witwe wieder her.

Runderlaß vom 16. November 1844.

Das Königs Majestät haben auf meinen, durch einen Spezialfall ver= anlaßten Antrag mich mittelst Allerhöchster Order vom 21. v. M. zu er= mächtigen geruht, in Fällen, wo die Witwe eines konzessionierten Apothekers mit einem vorschriftsmäßig qualifizierten Pharmazeuten sich wieder verehelicht, letzterem, ohne weitere öffentliche Konkurrenz, die Konzession zur Fortführung der bis dahin für Rechnung der Witwe durch Provisor verwalteten Apotheke zu verleihen."

So war denn wenige Jahre nach dem 8. März 1842 dem dringendsten Mißstande abgeholfen und die Konzession wenig= stens in der näheren Familie wieder vererblich und veräußerlich geworden. Aber auch dieser Zustand befriedigte die Interessenten nicht. Die Klagen der Apotheker, die in ihren Vermögens= interessen stark geschädigt waren, wollten nicht verstummen. Kein geringerer als Koch hat in seinem Lehrbuch des Preuß. gemeinen Privatrechts, 1851, § 400, S. 713 auf die Unge=

rechtigkeit und Unzweckmäßigkeit des für die Konzessionen be=
stehenden Rechtszuständes hingewiesen. Die Beschränkung der
freien Verkäuflichkeit blieb allen denjenigen Apothekern gegen=
über ein schweres Unrecht, die ihre Konzession mit barem Gelde
bezahlt hatten. Man vergleiche die Literatur aus jener Zeit,
die von Koch ausführlich zitiert ist.

Die Allgemeine preußische Gewerbeordnung vom 17. Januar
1845 änderte an den bestehenden Zuständen nichts. Aus dieser
Gewerbeordnung kommen hier folgende Bestimmungen in
Betracht:

§ 54. Außer der Approbation bedürfen Apotheker, welche sich nicht im
Besitze eines Realprivilegiums befinden, einer Konzession des Oberpräsidenten,
in welcher der Ort und das Grundstück, wo das Gewerbe betrieben werden
soll, bestimmt sein muß.

§ 64. Neue Realgewerbeberechtigungen dürfen fortan nicht mehr be=
gründet werden.

Die Gewerbeordnung von 1845 setzte an die Stelle der
Medizinal=Deputation der Provinzial=Regierung den Ober=
präsidenten, der bereits seit der Instruktion vom 31. Dezember
1825 (GS. 1826, S. 4) die Konzession zu verleihen hatte,
und wiederholte das Verbot des Gewerbeedikts von 1810, daß
neue Realgewerbeberechtigungen nicht begründet werden durften.

Erst die Kabinettsorder vom 5. Oktober 1846 schuf Wandel
und stellte denjenigen Rechtszustand her, der vor dem 8. März
1842 Geltung gehabt hatte, statuierte damit die unbedingte
Vererblichkeit und Veräußerlichkeit aller bestehenden und neu
erteilten Apothekenkonzessionen. Erst durch die Kabinettsorder
vom 5. Oktober 1846 wurde zweifelsfrei derjenige Rechtszustand
geschaffen, wie er heute für die verkäuflichen Apotheken=
konzessionen in Geltung ist.

**b) Die Zeit von der Kabinettsorder vom 5. Oktober 1846
bis zur Kabinettsorder vom 7. Juli 1886.**

Die Kabinettsorder vom 5. Oktober 1846 ist durch
Zirkularverfügung vom 21. Oktober 1846 veröffentlicht.
Diese Zirkularverfügung hat folgenden Wortlaut:

Zirkular-Verfügung vom 21. Oktober 1846 (Eichhorn).

Nach der Allerhöchsten Order vom 8. März 1842 und der sich derselben anschließenden Zirkular-Verfügung vom 13. August desselben Jahres soll einem abgehenden, nicht privilegierten Apotheker resp. dessen Erben fernerhin nicht die Wahl und Präsentation des Nachfolgers in der Konzession, mithin nicht mehr der Verkauf der Apotheke einschließlich des Rechts zum Gewerbebetrieb an einen qualifizierten Apotheker gestattet, der neue Konzessionär vielmehr von der betreffenden Königlichen Regierung nach freiem Ermessen lediglich mit Rücksicht auf den Grad seiner Qualifikation und die Anciennität seiner Approbation ausgewählt und nur verpflichtet werden, die für sein Geschäft erforderlichen, noch brauchbaren Gerätschaften, Gefäße und Warenvorräte des abgehenden Apothekers für den Taxpreis zu übernehmen. Diese Bestimmungen beruhten auf der, durch die bestehende Gesetzgebung gerechtfertigten Voraussetzung, daß die mit einem Realprivilegium nicht resp. nicht mehr versehenen Apotheken, d. h. die seit Einführung der Gewerbefreiheit in den damaligen Landesteilen der Monarchie neu errichteten sowie die früher auf Grund persönlicher Privilegien entstandenen, imgleichen alle Apotheken in den vormals französischen, bergischen und westfälischen Landesteilen als mit einer bloß persönlichen Konzession versehen zu betrachten seien, welche nach dem Abgange des Konzessionärs zur weiteren freien Verfügung der Regierung zurückfalle, so daß mit dem Ausscheiden des Konzessionärs aus seinem Geschäft die Apotheke als solche zu bestehen aufhöre, und dem abgehenden Apotheker die freie Disposition nur über die zur Apotheke gehörig gewesenen Einrichtungsgegenstände und Warenvorräte zustehe. Um ihm resp. seinen Erben die Verwertung dieser meist nur für Apotheker brauchbaren Gegenstände zu erleichtern und ihn möglichst vor dem mit einer Verschleuderung derselben verbundenen Verlust zu bewahren, wurde der neue Konzessionär für verpflichtet erklärt, dieselben für den Taxpreis zu übernehmen. Von diesem Standpunkte aus beabsichtigte also die Allerhöchste Order vom 8. März 1842 eine Begünstigung der nicht privilegierten Apotheker resp. ihrer Erben. Eine solche ist jedoch von den Apothekern in derselben nicht erkannt worden und hat auch nach den gemachten Erfahrungen in der Anwendung nicht gefunden werden können, da sich nach einiger Zeit herausstellte, daß die an sich und im allgemeinen richtige Voraussetzung, von welcher die gedachte Allerhöchste Kabinettsorder ausging, wirklich nicht im Leben sich bestätigt, daß vielmehr die nicht privilegierten Apotheker, welche ihr Geschäft aufgeben wollten, sowie ihre Erben vor Emanation der Allerhöchsten Order vom 8. März 1842 fast immer faktisch an einen Besitznachfolger ihrer Wahl ihre Apotheke einschließlich des Gebrauchsrechts unter den von ihnen gestellten Bedingungen mit Zulassung der die neue Konzession erteilenden Behörde übertragen haben.

Hieraus hat sich ein Zustand entwickelt, der eine neue Anordnung nötig macht. Es handelt sich auch teilweise um Fälle, welche in Erwartung einer abändernden gesetzlichen Bestimmung bisher haben unentschieden gelassen werden müssen. Nach mehreren Mitteilungen aus Provinzen ist selbst anzunehmen, daß eine nicht geringe Anzahl von Fällen von den Interessenten einstweilen nur in sicherer Hoffnung auf legislative Abhilfe noch nicht zu meiner Kenntnis gebracht worden sind.

Bei dieser Lage der Sache habe ich mich verpflichtet gehalten, eine sorgfältige und umfassende Prüfung des Gegenstandes zu veranlassen. Zu diesem Zweck sind zuvörderst mit Allerhöchster Genehmigung aus allen Provinzen der Monarchie besonders tüchtige von den Herren Oberpräsidenten empfohlene Apotheker hierher berufen und in gemeinsamer Beratung mit ihrem Gutachten gehört worden. Demnächst habe ich meine Vorschläge behufs einer anderweitigen legislativen Regulierung der in Rede stehenden Angelegenheit dem Königlichen Staats-Ministerium zur Beratung vorgelegt. Dasselbe hat das Bedürfnis einer durchgreifenden legislativen Abhilfe anerkannt und Sr. Majestät dem Könige den Entwurf einer Verordnung überreicht, von welcher eine gründliche Beseitigung der jetzt obwaltenden Übelstände sowie eine den Interessen der Medizinal-Verwaltung und der Apotheker gleichmäßig entsprechende, auf einfachen Prinzipien beruhende Regulierung der ganzen Angelegenheit erwartet werden darf.

Des Königs Majestät haben jedoch für angemessen zu erachten geruht, daß die Verordnung, welche in einigen Beziehungen als eine Ergänzung der allgemeinen Gewerbe-Ordnung vom 17. Januar v J. anzusehen ist, zunächst den Provinzial-Landtagen zur Begutachtung vorgelegt werde.

Da die Beseitigung der oben angedeuteten Nachteile dem Wesen nach nicht länger verschoben werden kann, so haben Seine Majestät mittelst Allerhöchster Order vom 5. d. M. mich zugleich zu ermächtigen geruht, einstweilen und bis zur definitiven gesetzlichen Regulierung dieses Gegenstandes zu der vor Erlaß der Allerhöchsten Order vom 8. März 1842 stattgefundenen Praxis zurückzukehren und demgemäß unter Aufhebung der Zirkularverfügung vom 13. August 1842 und des darin angeordneten Konkurrenz-Verfahrens die Königlichen Regierungen anzuweisen:

beim Ausscheiden eines nicht privilegierten Apothekers aus seinem Geschäft die Konzession dem von dem abgehenden Apotheker oder dessen Erben präsentierten Geschäftsnachfolger, sofern derselbe vorschriftsmäßig qualifiziert ist, jedoch immer nur für seine Person und unter ausdrücklichem Vorbehalt der Wiedereinziehung der Konzession bei seinem dereinstigen Abgange zu erteilen.

Auf Grund dieser Allerhöchsten Ermächtigung wird die Königliche Regierung mit Vorbehalt weiterer legislativer Bestimmung veranlaßt, bei vorkommendem Wechsel in dem Besitz nicht privilegierter Apotheken die Konzession dem neuen Erwerber der Apotheke nach Maßgabe der vorstehend extrahierten Allerhöchsten Order vom 5. d. M. zu verleihen, demgemäß auch in den bisher etwa noch unerledigt gebliebenen früheren Fällen zu verfahren und den Inhalt dieser Verfügung in angemessener Weise durch das Amtsblatt zur öffentlichen Kenntnis zu bringen. —

Interessant ist in dieser Zirkularverfügung die Feststellung, daß vor der Kabinettsorder vom 8. März 1842 tatsächlich die Vererblichkeit und Veräußerlichkeit der Konzession zugelassen war. Der Inhaber der Konzession hat bis zum 8. März 1842 stets an einen Besitznachfolger seiner Wahl unter den von ihm gestellten Bedingungen die Konzession übertragen. Zu dieser

Praxis will die Kabinettsorder vom 5. Oktober 1846 zurückkehren und die unbeschränkte Veräußerlichkeit und Vererblichkeit wieder einführen. Zu diesem Zwecke bestimmt sie:

1. daß die Konzession dem von dem Inhaber derselben oder dessen Rechtsnachfolgern präsentierten Geschäfts=nachfolger zu erteilen ist,

2. daß natürlich auch der Geschäftsnachfolger ein qualifi=zierter Apotheker sein muß,

3. daß die Übertragung auf den Geschäftsnachfolger immer nur für seine Person erfolgt, und

4. daß die Wiedereinziehung der Konzession bei seinem dereinstigen Abgang vorzubehalten ist.

Der weitere Vorbehalt, daß die Kabinettsorder vom 5. Oktober 1846 nur Geltung haben solle bis zur anderweiten gesetzlichen Regelung des Apothekenwesens braucht nicht besonders hervor=gehoben zu werden; denn das Gesetz ist souverän, kann natürlich alle Rechts= und Lebensverhältnisse normieren und abändernd regeln. Daß ein Gesetz die verkäufliche Konzession ändern und sogar aufheben kann, ist selbstverständlich; dem Sinne der modernen Gesetzgebung entspricht es aber nicht, derartige wohl=erworbenen Rechte ohne Entschädigung aufzuheben. Der Vor=behalt der anderweiten gesetzlichen Regelung ist hiernach als eine Beschränkung der Veräußerlichkeit und Vererblichkeit nicht an=zusehen, enthält vielmehr eine nach dem geltenden Recht ganz selbstverständliche Bestimmung.

Anders verhält es sich mit dem zu 4 erwähnten Vorbehalt der Wiedereinziehung der Konzession beim dereinstigen Abgange des Inhabers derselben. Der Sinn dieser Bestimmung geht dahin, daß es zulässig sein soll, beim Abgange eines Inhabers einer verkäuflichen Konzession diese Konzession gänzlich ein=zuziehen, d. h. die Apotheke überhaupt aufhören zu lassen. Dieser Vorbehalt kann irgendwelche praktische Bedeutung nicht haben; denn die Wiedereinziehung einer bereits konzessionierten Apotheke ist niemals vorgekommen. Sie könnte nur vorkommen, wenn das Bedürfnis für die Apotheke nicht mehr besteht. Findet aber eine mit verkäuflicher Konzession ausgestattete Apotheke einen

Käufer, der sie übernehmen und einen angemessenen Preis für sie bezahlen will, so ist damit ihre Existenzberechtigung und das Bedürfnis für sie erwiesen. Das Recht, die Konzession wieder einzuziehen, steht übrigens, wie auch die Interpretation in der Ministerialverfügung vom 15. Juli 1857 ergibt, nicht der Verwaltungsbehörde zu, sondern ist nur durch Gesetz zulässig und wird, was nach den bestehenden Rechtsnormen kaum zweifelhaft, ebenfalls nur gegen Entschädigung erfolgen können.

Der weitere Vorbehalt, daß die Übertragung der Konzession auf den Geschäftsnachfolger nur für dessen Person erfolgt, statuiert den einzigen, gegenwärtig bestehenden Unterschied zwischen Privileg und verkäuflicher Konzession. Während das Privileg eine dingliche, dem Grundstück gleichgeartete Berechtigung, eine sog. selbständige Gerechtigkeit ist, ist die verkäufliche Konzession lediglich eine dem Privileg analoge persönliche Gewerbeberechtigung. Die ausdrückliche Bestimmung, daß die verkäufliche Konzession lediglich eine persönliche und keine dingliche Berechtigung enthält, war nach dem im Jahre 1846 bestehenden Rechtszustande notwendig; denn die Gewerbeordnung von 1845 hatte das Verbot der Begründung neuer Realgewerbeberechtigungen, wie es das Gewerbeedikt von 1810 eingeführt hatte, noch ausdrücklich wiederholt; die Kabinettsorder vom 5. Oktober 1846 mußte also, wollte sie nicht eine grundlegende gesetzliche Bestimmung abändern, den lediglich persönlichen Charakter der verkäuflichen Konzession betonen, um nicht Widersprüche mit dem bestehenden Rechtszustande hervorzurufen.

So hat denn die Kabinettsorder vom 5. Oktober 1846 die verkäufliche Konzession als eine veräußerliche und vererbliche, dem Privileg völlig analoge Gewerbeberechtigung festgestellt und nur den einzigen Unterschied zwischen Privileg und Konzession bestehen lassen müssen, daß das Privileg dinglichen, die Konzession persönlichen Charakter hat.

Die Kabinettsorder vom 5. Oktober 1846 hatte die Fälle der freiwilligen Veräußerung und der Vererbung erschöpfend geregelt. Der Rechtssatz, daß die verkäufliche Konzession nach dem Tode des Inhabers auf alle Erben übergeht, ist in dem

Ministerialerlaß vom 24. Januar 1852 noch besonders hervorgehoben.

Auf den in dem Berichte vom . . . . . gestellten Antrag: dem Apotheker N. auf Grund der Allerhöchsten Order vom 21. Oktober 1844 die Konzession zur Übernahme der für Rechnung der jetzt mit dem 2c. N. verheirateten Witwe M. durch einen Provisor verwalteten Apotheke zu N. zu verleihen, kann ich nicht eingehen.

Die dem Ministerium der Medizinal-Angelegenheiten durch die Allerhöchste Order vom 21. Oktober 1844 nach Inhalt des Zirkular-Reskripts vom 16. November 1844 erteilte Ermächtigung, in Fällen, wo die Witwe eines konzessionierten Apothekers mit einem vorschriftsmäßig qualifizierten Apotheker sich wieder verehelicht, letzterem ohne weitere öffentliche Konkurrenz die Konzession zur Fortführung der bis dahin für Rechnung der Witwe durch einen Provisor verwalteten Apotheke zu verleihen, stellt sich als eine Ausnahme dar von den Vorschriften der Allerhöchsten Order vom 8. März 1842 und des darauf beruhenden Zirkular-Reskripts vom 13. August 1842, wonach jede erledigte Apotheken-Konzession nur im Wege öffentlicher Konkurrenz an den würdigsten Bewerber, ohne Rücksicht auf das Interesse des abgehenden Apothekers oder seiner Hinterbliebenen an der Auswahl eines bestimmten Bewerbers, verliehen werden sollte.

Diese Vorschriften sind aber durch die, den Königlichen Regierungen mittelst Zirkular-Erlaß vom 21. Oktober 1846 zur Nachachtung bekannt gemachte Allerhöchste Order vom 5. Oktober 1846 aufgehoben. Die Königlichen Regierungen sind demgemäß allgemein ermächtigt, bei Erledigung einer Apotheken-Konzession von der Eröffnung eines Konkurrenzverfahrens abzusehen und beim Ausscheiden eines nicht privilegierten Apothekers aus seinem Geschäft die Konzession dem, von dem abgehenden Apotheker oder dessen Erben präsentierten Geschäftsnachfolger, sofern dieser vorschriftsmäßig qualifiziert ist, zu verleihen. — Hiernach kann die Konzession zur Übernahme der in Rede stehenden Apotheke, da sie einen Teil des Nachlasses des 2c. M. bildet, nur dann dem 2c. N. verliehen werden, wenn derselbe nicht bloß von der Witwe, sondern auch von den übrigen Erben des 2c. M. als Geschäftsnachfolger präsentiert wird. Da nun der 2c. M. außer seiner Witwe noch einen minderjährigen Sohn hinterlassen hat, so muß die Präsentation des 2c. N. zu der Konzession auch noch von dem Vormunde des minorennen M. und dem betreffenden Vormundschaftsgerichte erfolgen, bevor demselben die Konzession auf Grund der obigen Verfügung vom 21. Oktober 1846 erteilt werden darf.

Indessen scheint es überhaupt einer Übertragung der Konzession auf den 2c. N. nicht zu bedürfen, da die Ehefrau desselben nach der Anzeige der Königlichen Regierung mit ihm N. zu verlassen und die Apotheke zu verkaufen beabsichtigt, sie aber diese Absicht unter Zustimmung des Vormundschaftsgerichts nur unter Bevollmächtigung ihres Ehegatten unbehindert realisieren kann. Dem Käufer der Apotheke wird dann, falls er vorschriftsmäßig qualifiziert ist, die Konzession von der Königlichen Regierung auf Grund des Erlasses vom 21. Oktober 1846 zu verleihen sein.

Die Witwe des verstorbenen Inhabers, der nicht nur von der Witwe, sondern auch von seinen minderjährigen Kindern beerbt war, präsentierte allein und ohne ihre Kinder den Geschäfts=nachfolger und verlangte die Übertragung der Konzession auf den von ihr allein präsentierten Geschäftsnachfolger. Mit Recht hat der Minister dahin entschieden, daß die Konzession auf alle Erben des Inhabers vererbt sei, und daß nur demjenigen Geschäftsnachfolger die Konzession zu übertragen sei, der von allen Erben präsentiert ist.

Stand sonach in der Praxis die Vererblichkeit und Ver=äußerlichkeit der Konzession fest, so ergaben sich Schwierigkeiten bei der zwangsweisen Übertragung ohne oder gegen den Willen des Inhabers, besonders in dem Fall, daß die Zwangsversteigerung eines Apothekengrundstücks, in dem sich eine mit verkäuflicher Konzession versehene Apotheke befand, erforderlich wurde. Diese Schwierigkeiten hat der Rechtsver=kehr auch heute nicht völlig beseitigen können. Wie soll es ge=halten werden, wenn eine Veräußerung der verkäuflichen Kon=zession gegen den Willen des Inhabers erforderlich wird, wenn die Konzession ihm zwangsweise verkauft werden muß?

Bereits wenige Jahre nach dem 5. Oktober 1846 trat ein Fall der Zwangsversteigerung einer Apotheke mit verkäuflicher Konzession ein. Der Ministerial=Erlaß vom 9. Mai 1851 traf für diesen Fall in einfacher und zweckmäßiger Weise Regelung:

Auf den Bericht der Königlichen Regierung vom . . . . . erkläre ich mich zwar damit einverstanden, daß den Gläubigern des verstorbenen Apo=thekers N. als solchen der Verkauf der Apotheke in N. nicht gestattet werden kann. Für den Fall aber, daß, wie es den Anschein hat, die Subhastation der zur N.'schen Masse gehörigen Grundstücke, in welchen die Apotheke be=trieben wird, eingeleitet werden sollte, mache ich der Königlichen Regierung Nachstehendes bemerklich:

Bei der Extrahierung und dem Erlaß der Allerhöchsten Order vom 5. Oktober 1846, sowie bei der darauf sich gründenden Zirkular=Verfügung vom 21. desselben Monats und Jahres hat hauptsächlich die Absicht vorge=waltet, den Besitzern konzessionierter Apotheken die freie Veräußerung derselben, soweit als dies, ohne der künftigen Gesetzgebung vorzugreifen, geschehen kann, möglich zu machen, sowie diejenigen, welche dem Besitzer einer konzessionierten Apotheke im Vertrauen auf deren Veräußerlichkeit Geld geliehen haben, vor Verlusten zu schützen, so daß bei einer Schulden halber veranlaßten Subhastation das dieselbe leitende Gericht den Schuldner in allen, den Verkauf angehenden Bedingungen zu vertreten hat. Jene Absicht würde in dem vorliegenden Falle vereitelt werden, wenn nach erfolgter Subhastation des R.'schen Grundstücks die dadurch zur Erledignng gekommene Konzession erst im Wege des öffentlichen Konkurrenzverfahrens, wenn auch mit möglichster Berücksichtigung des Adjudikators, sollte vergeben werden. Es würde unter solchen den Erfolg einer Bewerbung um die erledigte Konzession in keiner Weise sicherstellenden Umständen schwerlich ein qualifizierter Apotheker geneigt sein, auf das Grundstück mitzubieten.

Mit demselben Rechte nun, mit welchem die Erben des 2c. R. auf Grund der Allerhöchsten Order vom 5. Oktober 1846 befugt sein würden, das Grundstück mit der Apotheke zu verkaufen und den Käufer, falls er sonst qualifiziert ist, zur Verleihung der Konzession zu präsentieren, mit demselben Rechte ist auch das die Subhastation leitende Gericht befugt, qualifizierte Apotheker zum Mitbieten auf das Grundstück und Apotheke zu veranlassen, daß es denselben zusichert, den Meistbietenden unter ihnen der Königlichen Regierung zur Verleihung der Konzession zu präsentieren, und die Königliche Regierung ist dem Gerichte ebensowohl wie den Erben des 2c. R. gegenüber verpflichtet, dem zu Präsentierenden, seine formelle Qualifikation vorausgesetzt, die Konzession zu verleihen. Die Eigentümlichkeit des Subhastationsverfahrens macht es aber zugleich auch notwendig, dem Gericht vorweg darüber Gewißheit zu geben, daß im Falle der Adjudikation des Grundstücks an einen qualifizierten Apotheker diesem die Konzession zur Fortführung der R.'schen Apotheke werde verliehen werden, damit hierüber das Erforderliche in den Kaufbedingungen festgestellt werde.

Die Königliche Regierung veranlasse ich, demgemäß die Angelegenheiten weiter zu behandeln und insbesondere, falls es zur Subhastation der R.'schen Grundstücke kommen oder bereits gekommen sein sollte, dem betreffenden Gerichte mitzuteilen, daß dem Adjudikator der R.'schen Grundstücke, falls derselbe ein qualifizierter Apotheker sein sollte, die Konzession zur Fortführung der in dem Grundstücke seither betriebenen Apotheke werde verliehen werden, und daß der Aufnahme dieser Zusicherung in die Kaufbedingungen kein Bedenken entgegenstehe.

Kurze Zeit darauf kam ein neuer Fall der Zwangsversteigerung einer mit verkäuflicher Konzession versehenen Apotheke vor. Durch Ministerial-Verfügung vom 19. März 1852 ist auch dieser Fall ganz in der gleichen Weise und ebenso einfach und zweckmäßig geregelt.

Nach Inhalt des abschriftlich anliegenden Gesuchs des R. zu M. vom ..... ist das Grundstück, in welchem der Sohn des Bittstellers, der Apotheker R. zu M., sein Apothekergeschäft betreibt, Schulden halber zur Subhastation gestellt. Der R. sen., dessen Ehefrau, die Stiefmutter seines Sohnes, hypothekarische Gläubigerin des letzteren ist, trägt darauf an, zu bestimmen, daß das Grundstück seines Sohnes als Apotheke gleich einer privilegierten bei der Subhastation verkauft werde. Diesem Antrage kann, so wie er gestellt worden, nicht deferiert werden. Es würde dadurch die Apotheke, welche nur auf Grund einer Konzession angelegt ist, zu einer privilegierten erhoben und das Mitbieten solcher Kauflustigen, welche nicht Apotheker sind, ausgeschlossen werden, was beides nicht zulässig ist. Dagegen wird das Interesse der Gläubigerin des Apothekers R. in Gemäßheit der Allerhöchsten Order vom 5. Oktober 1846 in anderer Weise und wahrscheinlich mit dem gewöhnlichen Erfolge gewahrt werden können.

Durch diese Allerhöchste Order und die darauf sich gründende Zirkular-Verfügung vom 21. Oktober 1846 sind nämlich die Königlichen Regierungen angewiesen, bei Erledigung einer Apothekenkonzession diese dem von dem abgehenden Apotheker oder dessen Rechtsnachfolger präsentierten Besitznachfolger, falls derselbe ein qualifizierter Apotheker ist, ohne weiteres ein Konkurrenzverfahren zu erteilen. Bei dem Erlasse dieser Bestimmungen hat hauptsächlich die Absicht obgewaltet, den Besitzern konzessionierter Apotheken die freie Veräußerlichkeit derselben, soweit als dies, ohne der künftigen Gesetzgebung vorzugreifen, irgend geschehen kann, möglich zu machen, sowie diejenigen, welche dem Besitzer einer konzessionierten Apotheke im Vertrauen auf deren Veräußerlichkeit Geld geliehen haben, vor Verlusten zu schützen, so daß bei einer Schulden halber veranlaßten Subhastation das dieselbe leitende Gericht die Schuldner in allen, den Verkauf angehenden Beziehungen zu vertreten hat. Jene Absicht würde in dem vorliegenden Falle vereitelt werden, wenn etwa erst nach erfolgter Subhastation des R.'schen Grundstückes die dadurch zur Erledigung gekommene Konzession im Wege des öffentlichen Konkurrenzverfahrens, wenn auch mit möglichster Berücksichtigung des Adjudikators, sollte vergeben werden. Es würde unter solchen Umständen den Erfolg einer Bewerbung um die erledigte Konzession in keiner Weise sicherstellenden Umständen schwerlich ein qualifizierter Apotheker geneigt sein, auf das Grundstück mitzubieten.

Mit demselben Rechte nun, mit welchem der Apotheker R. auf Grund der Allerhöchsten Order vom 5. Oktober 1846 befugt sein würde, das Grundstück mit der Apotheke zu verkaufen und den Käufer, falls er sonst qualifiziert ist, zur Verleihung der Konzession zu präsentieren, mit demselben Rechte ist auch das die Subhastation leitende Gericht befugt, qualifizierte Apotheker zum Mitbieten auf das Grundstück und die Apotheke dadurch zu veranlassen, daß es denselben zusichert, den Meistbietenden unter ihnen der Königlichen Regierung zur Verleihung der Konzession zu präsentieren, und die Königliche Regierung ist sowohl dem Gerichte, als auch dem 2c. R. gegenüber verpflichtet, dem zu Präsentierenden, seine formelle Qualifikation vorausgesetzt, die Konzession zu verleihen. Die Eigentümlichkeit des Subhastationsverfahrens macht es zugleich aber auch notwendig, dem Gerichte vorweg Gewißheit zu geben, daß im Falle der Adjudikation des Grundstückes an einen qualifizierten Apotheker diesem die Konzession zur Fortsetzung der R.'schen Apotheke werde verliehen werden, damit hierüber das Erforderliche in den Kaufbedingungen festgestellt werde.

Die Königliche Regierung veranlasse ich, demgemäß die Angelegenheit weiter zu behandeln und dem betreffenden Gerichte mitzuteilen, daß dem Adjudikator der R.'schen Grundstücke, falls derselbe ein qualifizierter Apotheker sein sollte, die Konzession zur Fortführung der in dem Grundstücke seither betriebenen Apotheke werde verliehen werden, und daß der Aufnahme dieser Zusicherung in die Kaufbedingungen kein Bedenken entgegenstehe.

Ich bemerke schließlich, daß es zu jener Mitteilung an das subhastierende Gericht auch einer besonderen Zustimmung des Apothekers N. nicht bedarf. Denn sollte dieser etwa die Absicht haben, sein Apothekergeschäft nach erfolgter Subhastation des Grundstücks, in welchem er dasselbe jetzt betreibt, in ein anderes, vielleicht gemietetes Haus zu verlegen und auf Grund dieser Konzession fortzusetzen, so würde ein solches in fraudem creditorum beabsichtigtes Unternehmen nicht geduldet werden dürfen und die Erlaubnis dazu versagt werden müssen. Meldet sich aber unter den Bietenden ein qualifizierter Apotheker nicht, oder gelingt es einem solchen nicht, den Zuschlag zu erhalten, so bleibt es dann dem Ermessen der Königlichen Regierung vorbehalten, ob dem 2c. N. jene Verlegung des Geschäftes in ein anderes Haus zu gestatten oder die Konzession als erledigt zu betrachten und anderweit zu vergeben sei.

Die Regierung ist durch die Ministerialverfügungen angewiesen, dem Vollstreckungsgerichte Mitteilung zu machen,

„daß dem Ersteher, wenn derselbe ein qualifizierter Apotheker sein sollte, die Konzession zur Fortführung der in dem subhastierten Grundstücke seither betriebenen Apotheke werde verliehen werden, und daß der Aufnahme dieser Zusicherung in die Kaufbedingungen kein Bedenken entgegensteht".

Wird eine solche Zusicherung von der Regierung erwirkt, so haben die Beteiligten die Aufnahme dieser Zusicherung in die Kaufbedingungen zu veranlassen. Das Apothekengrundstück wird also mit der Zusicherung versteigert und die Konzession auf Grund der Zusicherung, auch gegen den Willen des Subhastaten übertragen.

Damit war der Rechtszustand der Vererblichkeit und Veräußerlichkeit hinreichend geklärt. Die Konzession ist nicht nur durch freiwillige Veräußerung, nicht nur durch Vererbung, sondern auch zwangsweise und gegen den Willen des Inhabers übertragbar, natürlich an einen qualifizierten Geschäftsnachfolger

Gleichwohl fehlte es bald darauf nicht an Versuchen der Verwaltungsbehörden, die freie Veräußerlichkeit und Vererblichkeit einzuschränken. Die schon erwähnte Ministerialverfügung vom 15. Juli 1857 machte diesen Versuchen ein Ende, indem sie die Kabinettsorder vom 5. Oktober 1846 authentisch interpretiert:

Der Königlichen Regierung eröffne ich auf den Bericht vom . . . . ., daß die Verfügung vom 21. Oktober 1846 hinsichtlich der Übertragung nicht privilegierter Apotheken auf den von dem zeitigen Inhaber präsentierten Geschäftsnachfolger, wie der Wortlaut deutlich ergibt, zwischen den damaligen und den späteren Besitzern keinen Unterschied macht. Der Vorbehalt der Wiedereinziehung der Konzession bei dem dereinstigen Abgange des Konzessionärs hat nur die Bedeutung, daß durch die Verfügung vom 21. Oktober 1846 der definitiven legislatorischen Regulierung der Angelegenheit nicht präjudiziert werde, nicht aber hat dadurch der Aufsichtsbehörde die Befugnis beigelegt werden sollen, beim Verkaufe dem Käufer die Konzession deshalb zu versagen, weil derselbe nach der Meinung der Behörde zu teuer gekauft hat.

In dieser Ministerialverfügung ist ausdrücklich hervorgehoben, daß die Veräußerlichkeit und Vererblichkeit durch die Verwaltungsbehörde nicht eingeschränkt werden könne. Besonders wichtig ist in dieser Ministerialverfügung, worauf nochmals hingewiesen werden mag, die Auslegung des Vorbehalts der Wiedereinziehung der Konzession in der Kabinettsorder vom 5. Oktober 1846. Der Minister ist mit Recht der Ansicht, daß auch die Wiedereinziehung der Konzession lediglich durch ein Gesetz, aber nicht durch die Verwaltungsbehörde erfolgen könne.

Damit ist die Rechtsentwicklung der verkäuflichen Konzession abgeschlossen. Die Reichs-Gewerbe-Ordnung vom 21. Juni 1869, die noch jetzt in Geltung ist, hat die verkäufliche Konzession unberührt gelassen. Nach § 6 findet die Gewerbe-Ordnung auf die Errichtung und Verlegung von Apotheken keine Anwendung.

Auch in der Gewerbe-Ordnung vom 21. Juni 1869 ist im § 10 das Verbot der Begründung neuer Realgewerbeberechtigungen wiederholt.

Die bisherigen Rechtsquellen hatten sich mit der rechtlichen Natur der verkäuflichen Apothekenkonzession nicht befaßt. Zum ersten Male nimmt der Minister in einem Erlasse vom 10. August 1871 auch zu der rechtlichen Natur der verkäuflichen Konzession Stellung:

Die Königliche Regierung geht in dem Bericht vom 10. Juni d. J. mit Recht davon aus, daß in dem nach der Zirkular-Verfügung vom 21. Oktober 1846 zu beobachtenden Verfahren bei dem Verkauf konzessionierter Apotheken durch die Gewerbe-Ordnung vom 21. Juni 1869 keine Änderung eingetreten ist. Die Existenz einer konzessionierten Apotheke im Gegensatze zu einer privilegierten beruht auf der ihrem Inhaber für seine Person erteilten Konzession. Die letztere ist kein Gegenstand privatrechtlicher Übertragung, und der Käufer einer konzessionierten Apotheke erlangt die Konzession nicht durch Sukzession in die Rechte seines Verkäufers, sondern kraft einer neuen staatlichen Verleihung, ohne welche die Apotheke die Bedingung ihrer Existenz einbüßen würde. Vom rechtlichen Gesichtspunkte betrachtet, enthält der Übergang einer bloß konzessionierten Apotheke an einen anderen allemal die Errichtung einer neuen Apotheke, weil die Konzession des Verkäufers durch den Verkauf erlischt. An diesem Verhältnis hat die Gewerbe-Ordnung nichts geändert, und ist somit der Gegenstand auch ferner in derselben Weise wie früher zu behandeln.

Dieser Erlaß hat eine unheilvolle Verwirrung angerichtet und zu einem Teile wohl auch die der verkäuflichen Konzession nachteilige Rechtsprechung beeinflußt. Der Erlaß ist der Ansicht, daß die Konzession kein Gegenstand privatrechtlicher Übertragung sei. Der Käufer einer konzessionierten Apotheke erlange die Konzession nicht durch Sukzession in die Rechte seines Verkäufers, sondern kraft neuer staatlicher Verleihung. Vom rechtlichen Standpunkt betrachtet, enthalte der Übergang einer bloß konzessionierten Apotheke an einen anderen allemal die Errichtung einer neuen, weil die Konzession des Verkäufers durch den Verkauf erlösche.

Der Erlaß hat sich die Konstruktion der rechtlichen Natur der verkäuflichen Konzession leicht gemacht. Er berücksichtigt vor allem nicht das Präsentationsrecht des Verkäufers und den Rechtssatz, daß die Verwaltungsbehörde dem präsentierten Nachfolger kraft dieses Präsentationsrechts die Konzession erteilen muß. Die Auslegung des Erlasses vom 10. August 1871 bleibt einfach an dem Worte Konzession haften, ohne sich den Inhalt der mit verkäuflicher Apothekenkonzession bezeichneten Gerechtsame klarzumachen. Die Konzession der Regierung an den Nachfolger ist nach den geltenden Rechtssätzen eine reine Form. Sie hat lediglich zur Voraussetzung:

1. daß der Geschäftsnachfolger qualifizierter Apotheker ist,
2. daß der Geschäftsnachfolger von dem Inhaber der Konzession präsentiert oder Ersteher eines unter der Zusicherung der Übertragung der Konzession subhastierten Grundstücks ist.

Unter diesen Voraussetzungen muß die Konzession erteilt werden. Würde die Verwaltungsbehörde beim Vorliegen dieser Voraussetzungen die Konzession nicht erteilen, so würde sie eine Gesetzesverletzung begehen und sich sowie subsidiär den Fiskus schadenersatzpflichtig machen. Es kann hiernach die Erteilung der Konzession für die mit der verkäuflichen Apothekenkonzession bezeichneten Gerechtsame nicht ausschlaggebend sein.

Bestimmend für die rechtliche Natur der verkäuflichen Apothekenkonzession ist das Präsentationsrecht. Dieses durch Gesetz gewährleistete Recht machte die verkäufliche Konzession zu einem privaten Rechte; denn die Kabinettsorder vom Jahre 1846 ist, da sie private Gerechtsame regelt, einem Gesetze gleich zu erachten.

Das Präsentationsrecht enthält:

a) die Befugnis, der Verwaltungsbehörde den Geschäfts=nachfolger zu präsentieren,

b) das Recht, von der Verwaltungsbehörde zu fordern, daß sie dem präsentierten Nachfolger die Konzession erteile.

Dieses Recht wird ebenfalls mit verkäuflicher Konzession bezeichnet. Es ist ein privates, wohlerworbenes, auf Gesetz beruhendes Recht und kann genau so wie jedes andere Privat=recht im Wege Rechtens geltend gemacht werden.

Natürlich konnte die Ministerialverfügung vom 10. August 1871 an dem bestehenden Rechtszustande nichts ändern. Sie enthält lediglich eine rechtliche Beurteilung der als verkäufliche Apotheken=konzession bezeichneten Gerechtsame, die ihren wahren Charakter vollständig verkennt. Trotz dieser Auslegung der rechtlichen Natur der verkäuflichen Konzession hat die Verwaltungsbehörde stets das private Recht des Konzessionsinhabers beachtet und sich in der Praxis keineswegs an die in der Ministerial=verfügung vertretene Ansicht gehalten, bis die Kabinettsorder vom 7. Juli 1886 eine Änderung des bestehenden Rechts=zustandes herbeiführte.

c) Die Zeit von der Kabinettsorder vom 7. Juli 1886 bis zur Kabinettsorder vom 30. Juni 1894.

Obwohl nach Einführung der Verfassung Gesetze, auch wenn sie in der Form einer Kabinettsorder ergangen waren, nur durch die gesetzgebenden Körperschaften abgeändert werden

durften, hielt der Kultusminister es im Jahre 1886 für zu=
lässig, die als Gesetz anzusprechende Kabinettsorder vom
5. Oktober 1846 durch eine andere Kabinettsorder, also allein
durch den König ändern zu lassen. Die Kabinettsorder vom
7. Juli 1886 ändert aber den bestehenden Rechtszustand nur
insofern, als sie neu erteilte Apothekenkonzessionen erst 10 Jahre
nach deren Verleihung vererblich und veräußerlich werden ließ.
Diese Kabinettsorder ist durch den Ministerialerlaß vom
21. Juli 1886 bekanntgemacht. Der Erlaß hat folgenden
Wortlaut:

S. M. der Kaiser und König haben infolge der in letzter Zeit vorge=
kommenen zahlreichen Fälle, daß neu konzessionierte Apotheker unmittelbar
oder doch nur ganz kurze Zeit nach der Eröffnung ihrer Apotheke diese ver=
äußerten, durch Allerhöchste Order vom 7. d. M. auf meinen Antrag zu ge=
nehmigen geruht, daß die in der Allerhöchsten Order vom 5. Oktober 1846
der Regierung erteilte Ermächtigung bis zur anderweiten gesetzlichen Regelung des
Apothekenwesens nur bei denjenigen Apotheken in Anwendung zu bringen ist, seit
deren Errichtung zehn Jahre verflossen sind, und mich gleichzeitig ermächtigt, die
Regierungen entsprechend mit Anweisungen zu versehen.

Auf Grund dieser Allerhöchsten Ermächtigung bestimme ich hiermit
unter Abänderung der diesseitigen Zirkularverfügung vom 21. Oktober 1846
(Eulenberg, Das Medizinalwesen in Preußen 2c., S. 476 und 477), daß bis
zur anderweiten Regelung des Apothekenwesens innerhalb der nächsten
zehn Jahre nach der Errichtung einer neuen Apotheke der Inhaber der
Konzession ohne besondere Genehmigung der Aufsichtsbehörde nicht befugt ist
der Regierung nach Maßgabe der Allerhöchsten Order vom 5. Oktober 1846
eine qualifizierte Person mit dem Rechte der Nachfolge zu präsentieren;
die Regierung soll vielmehr, wenn ein Apotheker innerhalb dieser Frist sein
Geschäft aufgeben will, ermächtigt sein, die Konzession anderweitig zu
verleihen. Ausnahmsweise und unter ganz besonderen Umständen wird
dem abgehenden Apotheker die Veräußerung gestattet werden können, dies
indessen nur nach ganz genauer Prüfung der obwaltenden Verhältnisse und
unter Feststellung von Bedingungen geschehen dürfen, welche den bisherigen
Inhaber bzw. dessen Erben zwar schadlos halten, jedoch eine gewinnsüchtige
Verwertung der Konzession ausschließen.

Die Erteilung der Genehmigung in allen dergleichen Fällen bleibt
meiner Entschließung vorbehalten.

Berlin, den 21. Juli 1886.

Ew. Hochwohlgeboren wollen für die Zukunft hiernach gefälligst ver=
fahren und den Inhalt dieses Erlasses schleunigst in angemessener Weise durch
das Amtsblatt zur öffentlichen Kenntnis bringen.

v. Goßler.

In diesem Ministerialerlasse ist ausdrücklich von einem be=
stehenden Rechte des Konzessionsinhabers, den Nachfolger zu
präsentieren, die Rede, was besonders hervorgehoben werden
mag. Der Minister erkennt dieses private Recht der Präsen=
tation ausdrücklich an. Der Erlaß ist aber noch aus dem
Grunde bedeutsam, weil in demselben von einer anderweiten
Verleihung der Konzession gesprochen wird und ferner auch von
einer Veräußerung und Verwertung der Konzession, alles
Begriffe, die in einem der neusten Zeit angehörenden Ministerial=
erlasse undenkbar wären, wenn es sich nur um eine Konzession im
Sinne der Gewerbe=Ordnung und nicht um eine Konzession im
Sinne des § 463 ALR. II, 8 handeln würde.

Aus dem Ministerialerlasse ergibt sich, daß der Minister die
einmal erteilte Konzession, auch solange sie unverkäuflich
ist, anderweit verleihen will. Die Konzession hört also beim
Ausscheiden des Inhabers nicht auf, wird vielmehr auf den
Nachfolger übertragen, ist also auch im Falle ihrer Un=
verkäuflichkeit übertragbar.

Die Kabinettsorder vom 7. Juli 1886 hat gegenwärtig eine
praktische Bedeutung nicht mehr, da sie durch die Kabinettsorder
vom 30. Juni 1894 aufgehoben ist, und alle auf Grund dieser
Kabinettsorder erteilten Konzessionen inzwischen infolge Zeit=
ablaufs vererblich und veräußerlich geworden sind.

In dem Ministerialerlasse vom 23. April 1889 stellt der
Minister noch ausdrücklich fest, daß die beschränkte Vererblichkeit
der Konzession zugunsten der Witwe und der minderjährigen
Kinder, wie sie schon der § 4 der Apothekenordnung von 1801
vorschreibt, auch während der zehnjährigen Unverkäuflichkeit be=
stehen soll. Der Ministerialerlaß vom 23. April 1889 hat
folgenden Wortlaut:

Auf die Eingabe vom 9. März d. J. erwidere ich Ew. Wohlgeboren,
daß die Allerhöchste Order vom 8. Juli 1886 und die darauf ergangene
Zirkularverfügung vom 21. dess. Mts. die Frage nicht betroffen hat, ob in
geeigneten Fällen beim Tode eines konzessionierten Apothekers der Witwe
während des Witwenstandes bzw. den minderjährigen Kindern desselben bis
zu ihrer Großjährigkeit zu gestatten ist, die Apotheke durch einen qualifizierten
Apotheker verwalten zu lassen. In dieser Beziehung sind vielmehr, wovon

Ew. Wohlgeboren die Mitunterzeichneten gefälligst in Kenntnis setzen wollen, die vor Erlaß der Allerhöchsten Ordre vom 8. Juli 1886 und der darauf ergangenen Zirkularverfügung vom 21. Juli desselben Jahres ergangenen Bestimmungen maßgebend geblieben.

Berlin, den 23. April 1889.

Ministerium der geistlichen, Unterrichts- und Medizinal-Angelegenheiten.

v. Goßler.

Den Abschluß der geschichtlichen Entwicklung der verkäuflichen Apothekenkonzession bildet die Kabinettsorder vom 30. Juni 1894.

Auf den Bericht vom 23. d. Mts. genehmige Ich unter entsprechender Abänderung der Königlichen Erlasse vom 5. Oktober 1846 und 7. Juli 1885, daß bis zur anderweiten gesetzlichen Regelung des Apothekenwesens denjenigen Apothekern, welchen in Zukunft neue Konzessionen zur Errichtung von Apotheken verliehen werden, die Präsentation von Geschäftsnachfolgern überhaupt nicht mehr zu gestatten ist, die Konzession vielmehr beim Ausscheiden eines Apothekers aus seinem Geschäft zur anderweiten Verleihung in allen Fällen an den Staat zurückfällt. Den Witwen und Waisen der neuen Konzessionare sollen jedoch die im § 4 Titel 1 der revidierten Apothekenordnung vom 11. Oktober 1801 bezeichneten Vergünstigungen zuteil werden. Ich ermächtige das Staatsministerium, hiernach das Weitere zu veranlassen.

An Bord M. J. „Hohenzollern", Kiel, den 30. Juni 1894.

Wilhelm R.
Graf zu Eulenburg, v. Schelling, v. Boetticher, Freiherr v. Berlepsch, Graf von Caprivi, Miquel, v. Heyden, Thielen, Bosse, Bronsart v. Schellendorf.

An das Staatsministerium.

Seine Majestät der König haben durch die in der Anlage (s. o.) abschriftlich beigefügte Allerhöchste Order vom 30. Juni 1894 auf Antrag des Königl. Staatsministeriums zu genehmigen geruht, daß bis zur anderweiten Regelung des Apothekenwesens denjenigen Apothekern, welchen in Zukunft die Konzession zur Errichtung einer neuen Apotheke verliehen wird, die Präsentation eines Geschäftsnachfolgers überhaupt nicht mehr zu gestatten ist.

In Ausführung dieser Allerhöchsten Order bestimme ich hierdurch unter Abänderung der Erlasse vom 21. Oktober 1846 und 21. Juli 1886 (Min.-Bl. f. d. i. V. 1846, S. 209 und 1886 S. 900), daß, von dem Tage der Veröffentlichung dieses Erlasses im Reichs- und Staatsanzeigen an, Konzessionen zur Errichtung neuer Apotheken oder Weiterverleihungen von an den Staat zurückgefallenen Apothekengerechtigkeiten nur mit dem Zusatz erteilt werden dürfen, daß dem Inhaber die Präsentation eines Geschäftsnachfolgers in Gemäßheit der Allerhöchsten Order vom 30. Juni 1894 nicht gestattet sei.

In den Wettbewerbbekanntmachungen ist auf diese Bestimmung hinzuweisen.

Den Witwen und Waisen eines Apothekers, welcher eine solche unveräußerliche und unvererbliche Konzession erhalten hat, soll es erlaubt sein, die Apotheke nach Maßgabe des § 4 der revidierten Apothekenordnung vom 11. Oktober 1801 verwalten zu lassen.

Eure Exzellenz ersuche ich ganz ergebenst, diesen Erlaß nebst Anlage durch die Amtsblätter gefälligst zu veröffentlichen und die nachgeordneten Behörden auf denselben hinzuweisen.

Berlin, den 5. Juli 1894.

Der Minister der geistlichen, Unterrichts- und Medizinal-Angelegenheiten.

Bosse.

An sämtliche Herren Oberpräsidenten.

Auch hier interessiert für die rechtliche Natur der verkäuflichen Apothekenkonzession die Tatsache, daß die Kabinettsorder von einem Zurückfallen der Konzession an den Staat spricht. Die erledigte Konzession geht nicht unter, fällt vielmehr an den Staat zurück, und der Staat verleiht dieselbe Konzession weiter. Auch hier ist die beschränkte Vererblichkeit nach § 4 der Apothekenordnung zugunsten der Witwe und minderjährigen Kinder beibehalten.

In dem Ministerialerlasse vom 5. Juli 1894, der zur Ausführung der Kabinettsorder erlassen ist, wird zum ersten Male von seiten des Ministers der Begriff der unveräußerlichen und unvererblichen Konzession gebraucht; daraus folgt, daß der Minister davon ausgegangen sein muß, daß es vererbliche und veräußerliche Konzessionen gibt. Es ist also, wenn auch indirekt, hier zum ersten Male das Bestehen von vererblicher und veräußerlicher Apothekenkonzession festgestellt; daß in der Kabinettsorder vom 30. Juni 1894 und dem dazu ergangenen Ministerialerlasse nur von einem Gestatten, also einem bloßen Dulden der Präsentation die Rede ist, kommt demgegenüber kaum in Betracht, zumal durch die Kabinettsorder vom Jahre 1886 das Recht der Präsentation noch ausdrücklich anerkannt ist. Es mag auch hier dahingestellt bleiben, ob nach Einführung der Verfassung der König allein berechtigt war, die als Gesetz anzusehende Kabinettsorder vom 5. Oktober 1846 zu ändern.

Ein Jahr nach Erlaß der Kabinettsorder vom 30. Juni 1894 kommt dann der Begriff der vererblichen und veräußerlichen

Apothekenkonzeffion in einem neueren Gefetze vor, und zwar in dem Preuß. Stempelsteuergesetze vom 31. Juli 1895. Dort wird in Tarifstelle 22 von vererblichen und veräußerlichen Konzessionen zum Betriebe einer Apotheke gesprochen. Das Preußische Stempelsteuergesetz stellt also das Bestehen von vererblichen und veräußerlichen Apotheken= konzessionen ausdrücklich fest.

In den Motiven zum Stempelsteuergesetz heißt es:

Die Reichsgewerbeordnung schließt im § 6 ihre Anwendbarkeit auf die Errichtung und Verlegung von Apotheken aus, behält aber Kaiserlicher Ver= ordnung die Bestimmung darüber vor, welche Apothekerwaren dem freien Verkehr zu überlassen sind. Dementsprechend bestimmt die Kaiserliche Ver= ordnung betreffend den Verkehr mit Arzneimitteln vom 27. Januar 1890, welche Heilmittel, Drogen und chemische Präparate nur in Apotheken feil= gehalten oder verkauft werden dürfen. Der mit dieser ausschließlichen Ver= kaufsberechtigung verbundenen Verleihung der Apothekenkonzessionen wohnt mithin ein erheblicher Vermögenswert bei, der dadurch erhöht wird, daß die seit dem Inkrafttreten der Verordnung vom 24. Oktober 1811 wegen Anlegung neuer Apotheken errichteten Apotheken auf einer vererblichen und veräußerlichen Berechtigung beruhen. Derartige Konzessionen, die nach ihrem Werte den Apothekenprivilegien nahestehen, sind Handelsgegenstand, indem bei der Veräußerung der Apothekengrundstücke für den Verzicht auf die Konzession und die Verpflichtung, den Erwerber als Geschäftsnachfolger vorzuschlagen, erhebliche Preise gezahlt werden. Es er= scheint daher nur gerechtfertigt, diese Konzessionen steuerlich ähnlich wie Apothekerprivilegien, deren Veräußerung dem Immobiliarkaufstempel von 1 % unterliegt, zu behandeln. Der Entwurf verlangt deshalb für die Ver= leihung der vererblichen und veräußerlichen Konzessionen, deren Wert sich ohne besondere Schwierigkeiten feststellen läßt, den mäßigen Wert= stempel von $\frac{1}{2}$ vom Hundert.

Seit dem 11. Juli 1894 können neue, veräußerliche Apotheken nicht mehr entstehen, weil nach der Allerhöchsten Order vom 30. Juni 1894 die Präsentation von Geschäftsnachfolgern überhaupt nicht mehr gestattet wird, die Konzession vielmehr beim Ausscheiden eines Apothekers aus seinem Geschäft zur anderweiten Verleihung in allen Fällen an den Staat zurück= fällt. Für die Verleihung dieser unveräußerlichen (Personal=) Konzessionen empfiehlt sich ein fester Stempel von 50 M.

In den Sitzungsprotokollen der Stempelsteuerkommission des preußischen Abgeordnetenhauses wurden dann noch folgende Gründe für die Besteuerung der verkäuflichen Konzessionen an= gegeben:

„Gegenüber der Ansicht, daß der Stempel für eine Kon=

zeffion, welche vererblich und veräußerlich ist, mit ¹/₂ vom Hundert vielleicht zu hoch sei, führte der Finanzminister aus: Bisher beständen drei Arten von Apotheken: a) Privilegierte Apotheken, Apotheken mit Realberechtigung; bei diesen sei die Apotheken=berechtigung als eine Pertinenz des Grundstückes anzusehen. Infolgedessen müßte bei der Auflassung der volle Auflassungs=stempel von 1% des Wertes der Apothekenberechtigung bezahlt werden; b) gäbe es vererbliche und veräußerliche Apotheken. Diese ständen wirtschaftlich den privilegierten Apotheken sehr nahe, so daß es vielleicht richtiger gewesen wäre, auch hier den Stempel auf 1% zu bemessen; man habe jedoch hiervon Abstand genommen. Was die dritte Art Apotheken, die Personalkonzession anlange, so verursache die Verleihung einer neuen Personal=konzeffion den Behörden sehr viel Arbeit, und anderseits gäbe die Erteilung einer Konzeffion dem Erwerber einen neuen großen Wert; deshalb sei der vorgeschlagene Satz von 50 M durchaus angemessen."

In derselben Stempelsteuerkommiffion wurden von seiten der Regierung noch weiter folgende Auskünfte über die Kon=zeffionsübertragung erteilt:

a) „Auf die Frage, ob der Inhaber der Konzeffion einer vererblichen und veräußerlichen Apotheke ein Recht darauf habe, einen Nachfolger vorzuschlagen, erwiderte der Finanzminister, daß, wenn gegen die Persönlichkeit des vorgeschlagenen Bewerbers keine Bedenken obwalteten, die Konzeffion verliehen werden müßte. Das Recht auf Präsentation sei anerkannt.

b) Der Witwe bis zu ihrer eventuellen Wiederverheiratung und den minderjährigen Kindern bis zu dem Eintritt der Großjährigkeit steht das Recht zu, die Apotheke für ihre Rechnung weiter verwalten zu lassen; sollte aber dieses Verhältnis durch Verkauf oder Erbgang derartig geändert werden, daß ein neuer Konzeffionsinhaber auf=tritt, so ist der vorschriftsmäßige Stempel zu entrichten.

c) Der Absatz 1 der Tarifposition 22a bezieht sich darauf, daß der Erwerber konzeffioniert werde auf ein ver=

> erbliches und veräußerliches Konzessionsrecht,
> während es sich im Absatz 2 um eine Konzession auf
> Lebenszeit handelt."

So hat gerade die neueste Rechtsquelle, die sich mit der verkäuflichen Apothekenkonzession befaßt, ein Stempelsteuergesetz vom Jahre 1895, das Bestehen der veräußerlichen und vererblichen Apothekenkonzession ganz unzweideutig anerkannt.

Auch alle in Ausführung dieses Gesetzes von den zuständigen Ministern, dem Finanzminister, dem Justizminister und auch dem Medizinalminister, erlassenen Bestimmungen stellen das Bestehen der vererblichen und veräußerlichen Apothekenkonzession fest.

Aus der Bekanntmachung des Finanzministers vom 13. Februar 1896 mag hier hervorgehoben werden:

Behufs Ermittlung des stempelpflichtigen Wertes vererblicher und veräußerlicher Konzessionen ist zunächst der die Konzession Nachsuchende zur Wertangabe und zur Vorlegung des über den Verkauf der Apotheke etwa geschlossenen Vertrages aufzufordern. Falls ein solcher Vertrag vorhanden ist, so ist aus ihm festzustellen, ob und was die Vertragschließenden über die Vergütung für den Übergang der Konzession auf den neuen Erwerber verabredet haben. Wird der angegebene Wert für zu niedrig erachtet, und findet eine Einigung mit dem Steuerpflichtigen nicht statt, so ist der Wert, falls ihn die die Konzession erteilende Behörde nicht selbst zu begutachten vermag, nach der Vorschrift der Ziffer 6 dieser Bekanntmachung anderweitig zu ermitteln, wobei unter Umständen auch die in früheren Verträgen über das Entgelt für die betreffende Konzession getroffenen Vereinbarungen als Anhaltspunkte werden dienen können. Den Oberpräsidenten bleibt es überlassen, zur Ermittlung der Konzessionswerte die Mitwirkung der Provinzialsteuerdirektoren in Anspruch zu nehmen.

In dem Runderlaß des Justizministers vom 23. November 1900 (Justizministerialblatt 1900, S. 638) heißt es:

Nach Tarifstelle 22 a des Stempelsteuergesetzes vom 31. Juli 1895 unterliegt die Konzession zum Betriebe einer Apotheke, wenn die Konzession vererblich und veräußerlich ist, einem Stempel von $\frac{1}{2}$ Prozent des Wertes der Konzession, mindestens aber von 50 M, und wenn die Konzession nicht vererblich und veräußerlich ist, einem Stempel von 50 M.

Der Erlaß des Medizinalministers vom 23. März 1901 lautet:

Nach Tarifstelle 22 a des Stempelsteuergesetzes vom 31. Juli 1895 unterliegt die Konzession zum Betriebe einer Apotheke, wenn die Konzession vererblich und veräußerlich ist, einem Stempel von $\frac{1}{2}$ Prozent des

Wertes der Konzession, mindestens aber von 50 M, und wenn die Konzession nicht vererblich und veräußerlich ist, einem Stempel von 50 M. Dieser Stempel ruht auf der Urkunde über die Erlaubniserteilung und ist daher von dem Regierungspräsidenten, welchem die Ausfertigung der Konzession obliegt, zu verwenden und einzuziehen. Die Kaufurkunden selbst unterliegen, soweit in ihnen Veräußerungen von Apothekenprivilegien beurkundet sind, nach Tarifstelle 32 des Stempelsteuergesetzes einem Stempel von 1 Prozent des Kaufpreises; handelt es sich dagegen um die Veräußerung konzessionierter Apotheken, so unterliegen die Vereinbarungen über die Übertragung der Konzession auf den Erwerber oder über den Verzicht des Verkäufers auf die Konzession dem in Tarifstelle 71, Nr. 2 bestimmten allgemeinen Vertragsstempel von 1,50 M. Es ist nun darüber Klage geführt worden, daß vielfach schon bei dem Abschlusse des notariellen Vertrages über die Veräußerung vererblicher und veräußerlicher Apotheken von dem instrumentierenden Notar der Konzessionsstempel von ½ Prozent des Konzessionswertes zur Berechnung gebracht wird, und daß später der Regierungspräsident bei Ausfertigung der Konzession nochmals diesen Stempel feststellt und einzieht. Zur Vermeidung dieser doppelten Einziehung des Stempels und der sich daraus ergebenden Unzuträglichkeiten hat daher der Herr Justizminister durch Runderlaß vom 23. November 1900 (abgedruckt im Justizministerialblatt für 1900, Seite 638) die Gerichte und Notare, welche die Veräußerung von Grundstücken beurkunden, angewiesen, sich in Zukunft der Verwendung und Einziehung dieses Konzessionsstempels zu enthalten und sich auf die Verwendung und Einziehung des zur Kaufurkunde erforderlichen Stempels zu beschränken.

Im Einvernehmen mit dem Herrn Finanzminister bringe ich Vorstehendes hiermit zur Kenntnis.

Berlin, den 23. März 1901.

Der Minister der Medizinal-Angelegenheiten.

J. A.: Förster.

III. Die rechtliche Natur der verkäuflichen Apothekenkonzession.

Die verkäufliche Apothekenkonzession ist ein persönliches, vererbliches und veräußerliches Apothekenbetriebsrecht. Sie ist keineswegs eine Konzession im Sinne der Gewerbeordnung, sondern eine Konzession im Sinne des § 463 ALR. II, 8, d. h. ein dem Privileg analoges Recht, das sich von dem Privileg einzig und allein dadurch unterscheidet, daß das Privileg eine selbständige, dem Eigentum an einem Grundstück gleichstehende, also dingliche Berechtigung ist, während die verkäufliche Apotheken=

konzession nur eine persönliche Gerechtsame darstellt. Die Apothekenkonzession entsteht durch Verleihung seitens der zuständigen Behörde, genau wie das Privileg, und kann, einmal verliehen, genau wie das Privileg, nur unter den vom Gesetz vorgesehenen Bedingungen wieder entzogen werden.

Da aber die verkäufliche Apothekenkonzession nur eine rein persönliche Berechtigung ist, ist es unrichtig, sie als Realkonzession zu bezeichnen; denn der Begriff der Realkonzession deutet auf die Verbindung mit einem Grundstück, auf eine mit einem Grundstück verbundene Berechtigung hin. Ein solches Recht ist aber die verkäufliche Apothekenkonzession nicht; denn sowohl das Gewerbeedikt, als auch die preußische Gewerbeordnung, als auch die jetzt geltende Reichsgewerbeordnung haben die Verleihung von Realgewerbeberechtigungen ausdrücklich untersagt, und die verkäuflichen Apothekenkonzessionen sind denn auch stets als persönliche Berechtigungen und unabhängig von einem Grundstück verliehen worden.

Das mit verkäuflicher Apothekenkonzession bezeichnete vererbliche und veräußerliche Apothekenbetriebsrecht hat sich zunächst durch Gewohnheitsrecht gebildet, ist dann durch die Kabinettsorder vom 5. Oktober 1846 gesetzlich sanktioniert und vom Stempelsteuergesetz im Jahre 1895 ausdrücklich als ein wohlerworbenes Recht anerkannt worden.

a) Apothekenkonzession und gewerbliche Konzession.

Da die ganze moderne Rechtsentwicklung dem Privileg analoge Konzessionen im Sinne des § 463 ALR. II, 8 nur noch bei Apotheken kennt, hat man in neuester Zeit nicht mehr beachtet, daß die Apothekenkonzession, und zwar auch die unverkäufliche, nichts mit einer gewerblichen Konzession zu tun hat. Die Konzession im Sinne des § 463 ALR. II, 8 war in Vergessenheit geraten; man kannte nur die große Zahl gewerblicher Konzessionen, und dieser Umstand hat dazu beigetragen, den rechtlichen Charakter der Apothekenkonzession zu verwirren.

Seit dem Ministerialerlaß vom 10. August 1871 hat die

Verwaltungsbehörde wiederholt die Ansicht vertreten, daß die verkäufliche Apothekenkonzession nichts anderes sei als eine gewerbliche Konzession, wie sie die Gewerbeordnung in vielen Fällen vorschreibt. Die Übertragung der Konzession auf den Rechtsnachfolger des Inhabers sei vom Rechtsstandpunkt aus keine Übertragung, sondern die Erteilung einer neuen Konzession, ähnlich wie der Käufer eines Hotels nicht die Konzession von seinem Verkäufer ableite, sondern eine neue Konzession erhalte.

Die Unrichtigkeit dieser Ansicht leuchtet evident allein auf Grund der geschichtlichen Entwicklung ein. Es herrscht keinerlei Streit darüber, daß die Gewerbeordnung auf die Erteilung von Apothekenkonzessionen keine Anwendung findet. Weder die preußische Gewerbeordnung vom Jahre 1845 noch auch die jetzt geltende Reichsgewerbeordnung hat an den bestehenden Bestimmungen über die Verleihung von Apothekenkonzessionen irgend etwas geändert, und trotzdem soll die verkäufliche Apothekenkonzession eine Konzession im Sinne der Gewerbeordnung sein. Daß diese Ansicht unrichtig ist, und daß eine Apothekenkonzession, und nicht nur die verkäufliche, auch nicht das mindeste mit einer Konzession im Sinne der Gewerbeordnung zu tun hat, ergibt sich allein schon aus der Kabinettsorder vom 30. Juni 1894, die die Unverkäuflichkeit einführt.

Die Erteilung der rein persönlichen Konzession ist durch die Kabinettsorder vom Jahre 1894 nicht etwa in Anlehnung an die Gewerbeordnung geregelt, sondern in Anlehnung an die Apothekenordnung, und zwar an das Personalprivileg des § 2. Die Regierung stellt das Bedürfnis für eine neue Apotheke fest. Sie fordert qualifizierte Apotheker zur Bewerbung um die neu zu verleihende Konzession auf. Aus der Zahl der Bewerber wählt sie den geeigneten aus und verleiht ihm die Konzession mit der ausdrücklichen Beschränkung, daß dem Inhaber der Konzession die Präsentation eines Geschäftsnachfolgers in Gemäßheit der Allerhöchsten Order vom 30. Juni 1894 nicht gestattet sei. (Vgl. den Ministerialerlaß vom 5. Juli 1894.) Gibt es nun irgend eine gewerbliche Konzession, die in ähnlicher Weise verliehen wird? Hat man schon je gehört, daß, wenn die

Konzession eines Hotels erforderlich wird, die Polizeibehörde zur Bewerbung um die Hotelkonzession auffordert und dann dem von ihr ausgewählten Bewerber die Konzession erteilt?

Noch augenfälliger wird aber der Unterschied zwischen einer gewerblichen Konzession und einer Apothekenkonzession, wenn man an die Weiterverleihung einer persönlichen Konzession denkt, die an den Staat zurückgefallen ist. Auch hier fordert die Verwaltungsbehörde zur Bewerbung auf; auch hier verleiht sie dem von ihr ausgewählten Bewerber die Konzession, also etwa wie ein Amt. Kann etwas derartiges wohl bei einer Konzession im Sinne der Gewerbeordnung stattfinden? Fällt eine erledigte Hotelkonzession an den Staat zurück? Ist sie jemals neu ausgeschrieben worden, und hat die Polizeibehörde nur demjenigen Bewerber die Konzession weiter verliehen, der von ihr ausgewählt ist?

Man erwäge doch, ob die Bestimmungen der Zirkularverfügung vom 13. Juli 1840 sich mit irgend einer gewerblichen Konzession vereinbaren lassen. Diese Zirkularverfügung lautet in ihrem hier allein wesentlichen ersten Teile:

Es sind in der letzten Zeit Anträge auf die Erteilung der Konzession zur Anlegung einer neuen Apotheke an einem Orte von einzelnen Apothekern so häufig gemacht und in einem Wege verfolgt worden, welcher mit den desfalls erlassenen Anordnungen durchaus nicht im Einklange steht, daß es für notwendig erachtet werden muß, die hierüber festgestellten, in jedem einzelnen Falle ohne Ausnahme strenge zu beachtenden Vorschriften zur allgemeinen Kenntnis gelangen zu lassen.

In Gemäßheit der Allerhöchsten Verordnung vom 24. Oktober 1811 müssen die Anträge wegen Errichtung einer neuen Apotheke an einem Orte von der betreffenden Ortsbehörde und dem Kreis-Physikus ausgehen. Wird von diesen beiden im Einverständnisse die Anlegung einer neuen Apotheke für notwendig erachtet, so beantragen sie dieselbe bei der Königlichen Regierung unter ausführlicher Erörterung der dafür sprechenden Gründe. Für zureichende Gründe werden angenommen: eine bedeutende Vermehrung der Volksmenge, bedeutende Erhöhung des Wohlstandes. Hierüber muß eine genaue, auf spezielle Angaben gestützte Nachweisung geliefert werden, und in einzelnen vorkommenden Fällen ist den oben aufgestellten Bestimmungsgründen nur noch die Berücksichtigung der Hindernisse beizufügen, welche etwa aus besonderen obwaltenden Lokalverhältnissen hinsichtlich der Kommunikation mit dem Orte, an welchem sich bereits eine Apotheke befindet, für die auf dieselbe angewiesene Umgebung sich herausstellen sollten. Befinden sich an dem Orte, für welchen die Errichtung einer neuen Apotheke in Antrag gebracht werden soll, bereits eine oder mehrere Apotheken, so sind resp. der oder die vorhandenen Apotheker zuvörderst mit ihren etwa dagegen zu machenden Widersprüchen zu hören und letztere, von einem gründlichen Gutachten darüber begleitet, in den an die Königliche Regierung zu erstattenden Bericht mit aufzunehmen. Die letztgenannten Behörden haben nunmehr, eventualiter durch veranlaßte Rückfragen zur näheren Aufklärung der obwaltenden, hierbei als maßgebend zu betrachtenden Verhältnisse, den an dieselbe dem Obigen gemäß gerichteten Antrag einer sorgfältigen Prüfung zu unterwerfen und entweder den nicht für gehörig begründet erachteten Antrag unter Angabe der Gründe zurückzuweisen oder im entgegengesetzten Falle darüber einen gehörig motivierten gutachtlichen Bericht an das betreffende Königliche Ober-Präsidium zu erstatten. Von diesem ressortiert demnächst die definitive Entscheidung mit Ausnahme der Stadt Berlin, in welcher dieselbe dem Königlichen Ministerio der geistlichen Unterrichts- und Medizinal-Angelegenheiten vorbehalten und also dem Königlichen Polizei-Präsidium auch an dieses zu berichten bleibt. Aus der obigen Feststellung des hierbei überall strenge zu beachtenden Instanzen-Zuges leuchtet zugleich ein, daß alle und jede Gesuche, welche sich auf die Errichtung einer neuen Apotheke an einem Orte beziehen, zuvörderst an die betreffende Ortsbehörde und den betreffenden Kreis-Physikus gerichtet werden müssen.

Was nun für den Fall, daß die Anlegung einer neuen Apotheke an einem Orte als statthaft anerkannt sein und um die Verleihung der Konzession dazu sich mehrere Apotheker beworben haben sollten, die Entscheidung der Frage betrifft, welchem von den Bewerbern die in Rede stehende Konzession zu erteilen sei, so ist hierbei ein ähnliches Verfahren zu beobachten. Es haben daher die betreffenden Ortsbehörden und der Kreis-Physikus in dem von ihnen an die betreffende Königliche Regierung wegen Anlegung einer neuen Apotheke zu richtenden Antrage zugleich diejenigen Apotheker namhaft zu machen, welche sich um die Erteilung der fraglichen Konzession beworben haben, und demnächst unter ausführlicher Erörterung der Gründe sich gutachtlich darüber zu äußern, welchem von den Bewerbern der Vorzug einzuräumen sein möchte. Die Königliche Regierung und respektive das Königliche Polizei-Präsidium in Berlin prüfen die gemachten Vorschläge und legen dieselben in einem darüber zu erstattenden gutachtlichen motivierten Berichte dem betreffenden Ober-Präsidium, für Berlin dem Königlichen Ministerium der geistlichen, Unterrichts- und Medizinal-Angelegenheiten zur Entscheidung vor.

Um nun den Behörden für die hierzu erforderliche Beurteilung einen Maßstab an die Hand zu geben, hat ein jeder Apotheker, welcher sich um die Erteilung der Konzession zur Anlegung einer neuen Apotheke an einem Orte bewirbt, mit seinem desfallsigen Gesuche zugleich ein vollständiges Curriculum vitae einzureichen, welchem die Zeugnisse über seine Führung während der Lehr- und Servierzeit, die durch Ablegung der Staatsprüfung erworbene Approbation, der genügende Ausweis darüber, ob er auch die zur Etablierung einer Apotheke und zum Betrieb des Geschäfts erforderlichen Mittel besitze, die Angabe, ob er bereits eine Apotheke besessen habe, und wodurch er den Besitz derselben aufzugeben veranlaßt worden sei, und die nähere Anführung

der Umstände beizufügen ist, auf welche einen besonderen Anspruch zu begründen er sich glaube berechtigt halten zu dürfen.

Berlin, den 13. Juli 1840.

Ministerium der geistlichen, Unterrichts= und Medizinal=Angelegenheiten.

v. Ladenberg.

Es kommt hinzu, daß auch die unverkäufliche Apotheken=
konzession, die jetzt allein noch verliehen wird, durchaus nicht
völlig unvererblich, vielmehr zugunsten von Witwe und minder=
jährigen Kindern vererblich ist, da die Kabinettsorder vom
30. Juni 1894 den § 4 der Apothekenordnung von 1801 auf
sie ausdrücklich für anwendbar erklärt.

Es muß endlich darauf hingewiesen werden, daß bei Weiter=
verleihung einer an den Staat zurückgefallenen Konzession dem
neuen Erwerber die Verpflichtung auferlegt ist, Apothekeneinrichtung und Warenbestände käuflich zu übernehmen, alles Rechts=
verhältnisse, die mit einer gewerblichen Konzession nichts zu tun haben.

Der Erlaß vom 5. September 1894, der diese Übernahme
in neuester Zeit näher regelt, spricht übrigens allgemein auch
bei Konzessionen von Apothekengerechtigkeiten.

Im Anschluß an den Erlaß vom 5. Juli d. J., betreffend die Einführ-
rung der Personalkonzession für Apothekengerechtigkeiten, weise ich zur
Beseitigung von Zweifeln, welche inzwischen in der Fachpresse laut geworden
sind, ganz ergebenst darauf hin, daß auch von dem bisherigen Inhaber an
den Staat zurückgegebene Gerechtigkeiten (Erlaß vom 17. November 1893,
Ziffer 2 und 4) und solche Konzessionen, welche während der zehnjährigen
Unverkäuflichkeit (Erlaß vom 21. Juli 1886) an den Staat zurückfallen, in
Gemäßheit der Allerhöchsten Order vom 30. Juni d. J. und des eingangs
bezeichneten Erlasses zu behandeln sind.

Solche Apothekengerechtigkeiten sind daher jederzeit in der bei
Apothekenneuanlagen üblichen Weise auszuschreiben und zu verleihen; dem
neuen Konzessionar darf in Anwendung der Allerhöchsten Order vom 8. März
1842 und des dazu ergangenen Erlasses vom 13. August 1842 nur die Verpflichtung auferlegt werden, die Apothekeneinrichtung und die bei der Ge-
schäftsübernahme vorhandenen Warenbestände gegen einen dem wahren
zeitigen Wert entsprechenden Preis zu übernehmen, welcher eventuell durch
Sachverständige festzusetzen ist. Die Abschätzungskosten tragen Käufer und
Verkäufer zu gleichen Teilen.

Zur Übernahme des Apothekengrundstückes ist der Geschäftsnachfolger
nicht verpflichtet; will er dasselbe jedoch erwerben, so ist behufs Vermeidung
der Entstehung neuer Idealwerte darauf zu halten, daß es nicht zu einem
höheren Preise, als sein zeitiger Wert beträgt, in Rechnung gestellt werde.

Im Sinne der Gewerbeordnung ist die Konzession nichts weiter als die Erteilung der Genehmigung zu einem Gewerbebetriebe. Diese Genehmigung zum Gewerbebetriebe ist bei jeder Apothekenkonzession eine leere Form; denn wenn die Verwaltungsbehörde bei der unverkäuflichen Apothekenkonzession nach Ausschreibung der Apotheke den geeigneten Bewerber ausgewählt hat, so ist die Genehmigung zum Gewerbebetriebe etwas Selbstverständliches. Die Tätigkeit der Verwaltungsbehörde besteht bei der unverkäuflichen Apothekenkonzession recht eigentlich nicht darin, eine Genehmigung zu erteilen, sondern einen geeigneten Bewerber für eine Apotheke auszuwählen und diesem das Apothekenbetriebsrecht zu verleihen. Bei verkäuflichen Apothekenkonzessionen ist die Erteilung der Konzession aber nichts weiter als die Feststellung, daß das veräußerliche und vererbliche Apothekenbetriebsrecht unter den vom Gesetz festgestellten Bedingungen erneut von der zuständigen Behörde anerkannt wird. Denn eine Konzession, die beim Vorliegen der gesetzlichen Voraussetzung erteilt werden muß, ist doch keineswegs als eine Genehmigung anzusehen. Die Verwaltungsbehörde muß die Konzession verleihen, wenn die gesetzlichen Voraussetzungen vorhanden sind. Ihre Tätigkeit beschränkt sich also auf die Feststellung dieser Voraussetzungen. Irgend eine Neuverleihung oder das Entstehen einer neuen Konzession kommt nicht in Frage. Die sogenannte Erteilung der Konzession an den Geschäftsnachfolger ist also rechtlich gar keine Erteilung einer Konzession, sondern die Feststellung des Übergangs der Konzession auf den qualifizierten Nachfolger. Eine Konzession im Sinne der Gewerbeordnung könnte für Apotheken auch dann nicht in Frage kommen, wenn Gewerbefreiheit für Apotheker bestände; denn dann würde jeder approbierte Apotheker unter den gesetzlich festgelegten Bedingungen berechtigt sein, eine Apotheke zu errichten; es würde also die Approbation jede Konzessionierung entbehrlich machen, etwa wie bei der freien Advokatur nur die Qualifikation für einen Rechtsanwalt erforderlich ist und nicht noch eine besondere Konzessionierung.

In der Erteilung einer Apothekenkonzession liegt also nicht

eine gewerbliche Genehmigung zum Betriebe einer Apotheke, sondern die Verleihung des Apothekenbetriebsrechts. Das Wort Konzeffion kann bei der Apothekenkonzeffion unmöglich irgend eine Erklärung in der Gewerbeordnung finden; denn diese hat mit Apothekenkonzeffion nichts zu tun. Die Konzeffion des Apothekers findet allein ihre rechtliche Grundlage im § 463 ALR. II, 8 und der Apothekenordnung vom 11. Oktober 1801. Sie ist ein dem Privileg analoges Recht, wird wie das Privileg verliehen, fällt wie das erledigte Privileg nach Erledigung an den Staat zurück und wird weiter verliehen, vererbt und veräußert, genau wie das Privileg.

Die Apothekenkonzeffionen sind niemals auf Grund irgend einer Gewerbeordnung erteilt, sondern auf Grund der Apotheken=ordnung und derjenigen Gesetze, welche zur Zeit der Apotheken=ordnung für die Apothekenkonzeffion galten. Und wie die verkäufliche Apothekenkonzeffion ein veräußerliches und vererb=liches, dem Realprivileg analoges Apothekenbetriebsrecht ist, so ist die unverkäufliche Apothekenkonzeffion ein dem Personal=privileg analoges Recht und keineswegs bloß eine gewerbliche Konzeffion.

b) Die verkäufliche Apothekenkonzeffion und das Oberverwaltungsgericht.

Das Oberverwaltungsgericht beschäftigt sich in einer Ent=scheidung vom 17. Mai 1897 mit der Rechtsnatur der verkäuf=lichen Apothekenkonzeffion, und zwar bei Prüfung der Frage, ob die verkäuftlichen Apothekenkonzeffionen selbständige Rechte und Gerechtigkeiten im Sinne des Ergänzungssteuergesetzes sind, ob sie also dieser Vermögenssteuer unterliegen oder nicht. Das Ober=verwaltungsgericht kommt merkwürdigerweise zu dem Resultat, daß die verkäufliche Apothekenkonzeffion kein selbständiges Recht und zur Ergänzungssteuer nicht zu veranlagen sei. Diejenige Gerechtsame, welche den größten Teil des Vermögens des Apothekers ausmacht, soll nicht zu deffen Vermögen gehören, soll nicht steuerpflichtig sein! In dem Falle, der der Entscheidung zugrunde lag, war der Wert des Grundstücks auf 17600 M, der Wert des Inventars auf 500 M, der Wert der Warenvorräte auf 1500 M und endlich der Wert der Konzession auf 50000 M angegeben. Und doch soll dieser wesentlichste Vermögensbestandteil kein steuerpflichtiger Vermögenswert sein.

Das Oberverwaltungsgericht begründet seine Ansicht damit, daß die verkäufliche Apothekenkonzession kein wohlerworbenes Recht, sondern lediglich eine polizeiliche Genehmigung sei. Das Gericht folgert dies aus der Verordnung vom 24. Oktober 1811 und insbesondere aus der Gewerbeordnung vom 17. Januar 1845. Dort sei im § 42 bestimmt, daß die Apotheker eine Approbation bedürfen, und im § 54 gesagt, daß sie außerdem eine Konzession haben müßten, die der Oberpräsident erteilt. Der § 54 steht in der Hauptrubrik „II. Erfordernisse besonderer polizeilicher Genehmigung" unter Nr. 3 „Besondere Bestimmungen", während Nr. 1 „Gewerbliche Anlagen, welche einer besonderen polizeilichen Genehmigung bedürfen," betreffe, und Nr. 2 sich über „Gewerbetreibende, welche einer besonderen polizeilichen Genehmigung bedürfen," verhalte. Im § 63 werde die Stellvertretung der Apotheker geregelt.

Und einzig und allein aus diesen Bestimmungen, die fast wörtlich wiederholt sind, zieht das Oberverwaltungsgericht den Schluß, daß es „keinem Zweifel" unterliegen könne, daß die verkäufliche Apothekenkonzession eine obrigkeitliche polizeiliche Genehmigung für eine bestimmte Person zur Anlage und zum Betriebe einer Apotheke darstelle, nichts anderes wie eine Personalkonzession zum Betriebe der Schankwirtschaft, Gastwirtschaft und dergl.

Alle Autoren sind darüber einig, daß die Gewerbeordnung von 1845 die Bestimmungen über Erteilung und Übertragung der Konzession in keiner Weise berührt hat. Selbst Pistor sagt S. 31:

„Die allgemeine Preußische Gewerbeordnung vom 17. Januar 1845 änderte an dem Apothekergewerbe nichts."

und doch soll gerade aus dieser Gewerbeordnung sich der Rechtscharakter der verkäuflichen Apothekenkonzession ergeben! Aber das Oberverwaltungsgericht gibt doch zu, daß die verkäufliche Konzession auf Grund der Verordnung vom 24. Oktober 1811 erteilt ist, also infolge einer öffentlichen Ausschreibung, bei der sich die Bewerber melden, und bei der der Oberpräsident den geeigneten auswählt (vgl. die Zirkularverfügung vom 13. Juli 1840). Ist eine Konzession, die in solcher Weise erteilt wird, nicht der Verleihung eines Amtes analog? Was wird denn eigentlich genehmigt? Und kann eine Konzession, die auf Grund der in Ausführung der Apothekenordnung ergangenen Verordnung vom 24. Oktober 1811 erteilt ist, eine Konzession der Gewerbeordnung sein? Eine solche Konzession findet ihre rechtliche Begründung nur in der Apothekenordnung und in den §§ 462, 463, ALR. II, 8.

Auf die geschichtliche Entwicklung der verkäuflichen Apothekenkonzession geht das Oberverwaltungsgericht nicht ein. Es hält sie trotz Stempelgesetz und Kabinettsorder vom 5. Oktober 1846 auch für unveräußerlich und unvererblich. Sogar die Kabinettsorder vom 7. Juli 1886 zieht das Oberverwaltungsgericht zur Unterstützung seiner Ansicht heran. Ja, wie soll es denn erklärt werden, daß eine der neuesten Zeit angehörende Kabinettsorder von einem Rechte der Nachfolge des präsentierten Geschäftsnachfolgers in die Konzession, von einer anderweiten Verleihung der Konzession, von einer Veräußerung und Verwertung der Konzession spricht? Auch die Kabinettsorder vom 30. Juni 1894 spricht davon, daß die unverkäufliche Konzession nach Erledigung zur anderweiten Verleihung an den Staat zurückfällt. Die Kabinettsorder vom 30. Juni 1894 ist vom gesamten Staatsministerium gegengezeichnet. Soll man wirklich annehmen, daß man über eine reine polizeiliche Genehmigung solche Bestimmungen treffen wird!

Interessant ist, wie sich das Oberverwaltungsgericht mit dem Stempelsteuergesetz abfindet. Es kann natürlich nicht übersehen, daß dieses Gesetz ausdrücklich von vererblicher und veräußerlicher Konzession spricht, und führt hierzu wörtlich aus:

Nach den Motiven sei diese Bestimmung aus fiskalischen Rücksichten erlassen worden, um die erheblichen Preise, welche für den Verzicht auf die

Konzession und die Verpflichtung, den Erwerber als Geschäftsnachfolger vorzuschlagen, gezahlt zu werden pflegen, der Besteuerung zu unterwerfen. Sie beruhen auf der durch die Kabinettsorder vom 7. Juli 1886 und 30. Juni 1894 begründeten Verwaltungspraxis, lassen aber die gesetzlichen Bestimmungen und den rechtlichen Charakter der Apothekenkonzession als Personalkonzession unberührt. Für die Zwecke des Stempelsteuergesetzes genügte der durch die Kabinettsorder vom 30. Juni 1894 bestimmte rein tatsächliche Unterschied zwischen Veräußerlichkeit und Vererbbarkeit einerseits und Unveräußerlichkeit andererseits.

Diese Ausführungen stehen mit den Motiven in krassem Widerspruch. Das Gegenteil ergeben die Motive zum Stempelsteuergesetz. Dort ist der Rechtscharakter der verkäuflichen Apothekenkonzession ausdrücklich und mit voller Absicht betont. Und die Berichte der Kommission des Abgeordnetenhauses lassen keinen Zweifel daran, daß die Frage nach dem rechtlichen Charakter der verkäuflichen Apothekenkonzession aufgeworfen und vom Gesetze dahin beantwortet werden sollte, daß es sich um vererbliche und veräußerliche Rechte handelt. Es wäre denn doch etwas merkwürdig, einen durch die Verwaltung geschaffenen Zustand unter dem Vorgeben, es handele sich um ein wohlerworbenes Recht, zu besteuern. Und das soll durch ein Gesetz geschehen sein! Ein Gesetz soll den Interessenten vorgespiegelt haben, ihr habt ein Recht, lediglich zu dem Zwecke, um es zu besteuern, obwohl es sich gar nicht um ein Recht handelt, sondern um einen durch die Verwaltung geschaffenen Zustand!

Die Frage, ob denn die Kabinettsorder vom 5. Oktober 1846 nicht auch Gesetzeskraft hat, hat das Oberverwaltungsgericht gänzlich unerörtert gelassen, und es mutet sonderbar an, daß gerade bei der Frage, ob die verkäufliche Apothekenkonzession ein vermögenswertes Recht ist, der höchste Gerichtshof die Normen eines unzweifelhaften Gesetzes, des Stempelgesetzes, einfach ignoriert.

Die Praxis hat denn auch diese Entscheidung nie verstanden. In dem Preußischen Verwaltungsblatt hat Lipschitz die Ansicht des Oberverwaltungsgerichts bekämpft und auf Grund der Ausführungen von Fuisting in seinem Kommentar zum Ergänzungssteuergesetze dargelegt, daß die verkäufliche Apotheken konzession als selbständiges Vermögensrecht gelten müsse. Er beruft sich auf die Autorität von Strutz, der in seinem Kommentar zum Ergänzungssteuergesetz die verkäufliche Apothekenkonzession ebenfalls für steuerpflichtig hält.

Die Apothekerzeitung bespricht in Nr. 35 vom 2. Mai 1900 den Lipschitzschen Aufsatz und knüpft an diese Besprechung die Bemerkung, daß sie selbst die verkäuflichen Konzessionen stets für steuerpflichtig gehalten hat.

In einer Entscheidung vom 31. Januar 1901 (abgedruckt in der Pharmazeutischen Zeitung 1901, Nr. 27; OVGE. XIII, 1, 8) hat das Oberverwaltungsgericht unter Berufung auf die besprochene Entscheidung und ohne Angabe weiterer Gründe seinen Standpunkt aufrecht erhalten.

In einem ausführlichen Aufsatze habe ich in Nr. 97 der Apothekerzeitung vom 6. Dezember 1905 die Unrichtigkeit der Entscheidung des Oberverwaltungsgerichts bereits des nähern dargelegt. Ich kann auf diesen Aufsatz, um Wiederholungen zu vermeiden, verweisen.

Nebenbei mag bemerkt werden, daß das Oberverwaltungsgericht auch in seiner Rechtsprechung bezüglich der Umsatzsteuer von Apotheken lange Zeit einen eigenartigen Standpunkt eingenommen hat. Es hat die Verpflichtung zur Zahlung von Umsatzsteuer für die Privilegien in den verschiedensten Fällen von dem zufälligen Umstande abhängig gemacht, ob die Privilegien auf das Grundbuch des Apothekengrundstücks geschrieben waren oder nicht. Waren sie auf das Grundbuch des Apothekengrundstücks geschrieben, so sollten sie nach Ansicht des Oberverwaltungsgerichts umsatzsteuerpflichtig sein, und der rein zufällige Umstand, daß für Privileg und Grundstück je ein besonderes Grundbuchblatt angelegt war, befreite die Privilegien-Inhaber unter Umständen von der Umsatzsteuer. Das alles sollte das BGB. mit seinem § 96 bewirkt haben, auf den bei der Verpfändung der verkäuflichen Apothekenkonzession zurückgekommen wird. Vor Inkrafttreten des BGB. soll ein derartiger Rechtszustand nicht gewesen sein.

Das Oberverwaltungsgericht hat in neuester Zeit seinen

Standpunkt in der Frage der Umſatzſteuer von Privilegien aufgegeben; es iſt nicht zu bezweifeln, daß dieſer höchſte Gerichts= hof, wenn er ſich mit der rechtlichen Natur der verkäuflichen Apothekenkonzeſſion nochmals befaſſen wird, auch in dieſer Frage ſeinen grundſätzlichen Standpunkt ändern muß.

c) Die verkäufliche Apothekenkonzeſſion und das Reichsgericht.

Das Reichsgericht hat ſich ebenfalls bei Prüfung einer Steuerfrage mit der verkäuflichen Apothekenkonzeſſion beſchäftigt. Es hat ſich, ſoweit erſichtlich, über deren Rechtsnatur zwar nicht ausdrücklich ausgeſprochen, es ergibt ſich aber aus einigen dieſer Entſcheidungen, daß das Reichsgericht die verkäufliche Apotheken= konzeſſion als ein Recht anſieht und keineswegs als einen von der Verwaltung geduldeten Zuſtand.

Das Reichsgericht hatte ſich nämlich in wiederholten Ent= ſcheidungen mit der Frage zu befaſſen, in welcher Weiſe die bekannte Vereinbarung in den Kaufverträgen über Apotheken= grundſtücke, daß der Verkäufer auf die Konzeſſion verzichtet und die Verpflichtung übernimmt, den Käufer als Geſchäfts= nachfolger der Regierung zu präſentieren, zu verſtempeln ſei. Die Höhe des Stempels für eine derartige Vereinbarung war ſtreitig. Der Steuerfiskus ſah die verkäufliche Apothekenkon= zeſſion als eine wertſteigernde Eigenſchaft des Grundſtücks an und verlangte auch für deren Wert den Kaufſtempel, während die Gerichte dieſe Vereinbarung als einen beſonderen Vertrag auslegten, der ſteuerrechtlich vom Kaufvertrage über das Grund= ſtück unabhängig ſei.

Dieſe Vereinbarung enthält nun nichts anderes als den Vertrag über die Veräußerung der verkäuflichen Apotheken= konzeſſion. Verzicht und Präſentation ſind nur Erfüllungs= geſchäfte, ähnlich wie Übergabe und Auflaſſung nur eine Er= füllung des Kaufs bedeuten. Wer ſeine verkäufliche Apotheken= konzeſſion veräußert, der iſt eben verpflichtet, alle Rechte, die dieſe enthält, auf den Erwerber zu übertragen, ihn alſo als Geſchäftsnachfolger zu präſentieren. Ein beſonderer Verzicht ist nicht erforderlich; denn in der Präsentation des Geschäfts-nachfolgers auf Grund der Veräußerung liegt der Verzicht auf die Konzession.

Das Reichsgericht hat nun in konstanter Praxis den Stand-punkt der Gerichte gebilligt und sich dahin ausgesprochen, daß die im Kaufvertrage enthaltene Veräußerung der verkäuflichen Apothekenkonzession stempelrechtlich ein besonderer Vertrag sei. Zuerst ist dies in der Entscheidung vom 8. Mai 1885, Ent-scheidungen in Zivilsachen, Band 13, Seite 265, ausgeführt, so-dann in einer Reihe weiterer Urteile.

Bei Gelegenheit der Prüfung der Stempelfrage hat das Reichsgericht wiederholt den Rechtscharakter der verkäuflichen Apothekenkonzession betont, ohne sich aber über die rechtliche Natur näher auszusprechen.

Aus der Entscheidung des Reichsgerichts vom 28. Januar 1886 bei Gruchot, Band 31, Seite 998, geht deutlich hervor, daß das Reichsgericht die Veräußerung der verkäuflichen Apo-thekenkonzession als Übertragung von Rechten ansieht. Es heißt dort:

„Außerdem leuchtet ein, daß der Verzicht des Verkäufers auf die Kon-zession und die Übertragung der ihm daraus fließenden Rechte auf den Kläger nur die Bedeutung haben könne, daß der Verkäufer auf das konzessionierte Recht, das Apothekergeschäft in dem verkauften Grundstücke zu betreiben, verzichtet, und das Recht zu dem Geschäftsbetriebe auf den Kläger überträgt. Diese Erklärungen sind von rechtlicher Wirksamkeit und nicht gegenstandslos, auch wenn Kläger, um die daraus für ihn hervor-gehenden Rechte auszuüben, eine besondere behördliche Konzession für seine Person erwerben muß, und sie bilden ein für sich zu charakterisierendes Rechtsgeschäft."

Noch deutlicher ergibt dies die Entscheidung des Reichs-gerichts vom 8. Juni 1893, die in der Juristischen Wochen-schrift 1893, Seite 374, Nr. 90 abgedruckt ist. Dort ist aus-geführt:

„Nach dem Tatbestand sind die für die Abtretung der Konzession be-rechneten 50 000 M als Vergütung für die Verzichtleistung bzw. Über-tragung von Rechten anzusehen, welche als für sich besonders bestehende Ver-tragsgegenstände und nicht als Bestandteile des verkauften Grundstücks und nur zur Erhöhung des Wertes desselben dienend zu betrachten sind. Der

Verzicht und die Übertragung von Rechten sind aber dem Kaufstempel nicht unterworfen. Von dieser Erwägung ist das Reichsgericht in einer Reihe ähnlicher Fälle ausgegangen."

Eine Reihe weiterer Entscheidungen behandeln die gleiche Frage, so die Entscheidungen vom 23. November 1886, abgedruckt in dem Preuß. Justizministerialblatt 1887, Seite 282, und vom 4. April 1895, abgedruckt im Justizministerialblatt 1896, Seite 28. Aus der Entscheidung vom 4. April 1895 ist übrigens hervorzuheben, daß dort das Reichsgericht die Kabinetts=order vom 3. Oktober 1846 als vollgültig und zu Recht bestehend berücksichtigt.

Das Oberverwaltungsgericht zitiert in seiner Entscheidung vom 17. Mai 1897, Band 6, Seite 100, auch die erwähnten Entscheidungen des Reichsgerichts, ohne des näheren auf sie ein=zugehen, und will diese Reichsgerichtsentscheidungen gerade für seine Ansicht, daß die verkäufliche Apothekenkonzession kein Recht sei, verwerten. Es ist gezeigt, daß dies nicht zutrifft, und daß die Entscheidungen des Reichsgerichts das Gegenteil ergeben.

Schließlich sei noch darauf hingewiesen, daß bei Beratung des Stempelsteuergesetzes der Regierungskommissar ausführte:

„Das Reichsgericht stehe seit langer Zeit auf dem Standpunkte, daß die Übertragung einer Konzession bei vererblichen und veräußerlichen Apotheken als Zession eines Rechtes anzusehen sei und demgemäß dem Zessions=stempel unterliege. Dieser Auffassung hat sich die Verwaltungspraxis seit fünf Jahren angeschlossen. (Zitiert aus der Pharm. Zeitung 1905, Nr. 94.)"

d) Die verkäufliche Apothekenkonzession und die Literatur.

Die Autoren, die sich mit der rechtlichen Natur der ver=käuflichen Apothekenkonzession beschäftigen, neigen, wenn dies auch nicht immer klar zum Ausdruck kommt, zumeist der von dem Ministerialerlasse vom 10. August 1871 vertretenen An=sicht zu.

Die gründlichste Arbeit auf dem Gebiete des Apotheken=wesens von Böttger (Die Preußischen Apothekengesetze, 4. Auf=lage, Berlin 1910) äußert sich S. 253 unter Bezugnahme auf den genannten Ministerialerlaß, wie folgt:

Über die rechtliche Bedeutung der verkäuflichen Konzessionen im allge=
meinen ist folgendes zu bemerken: Die Konzession ist keine selbständige Ge=
rechtigkeit, sondern sie ist eine persönliche gewerbliche Befugnis, ähnlich wie
eine Gastwirtschaftskonzession, nur mit der Besonderheit ausgestattet, daß der
Apotheker bei den vor dem 30. Juni 1894 erteilten Konzessionen einen Nach=
folger präsentieren kann und letzterer, seine formelle Qualifikation voraus=
gesetzt, konzessioniert werden muß In dieser Besonderheit liegt der Wert der
Konzession. Zubehör des Apothekengrundstückes ist dieselbe aber nicht. Es
würde beispielsweise nichts entgegenstehen, daß der Apotheker sein Grundstück
verkaufte und darin selbst als Mieter die Apotheke fortsetzte.

Die von Böttger richtig erkannte Besonderheit der ver=
käuflichen Apothekenkonzession läßt sie doch aber als etwas ganz
anderes als die gewerbliche Konzession erscheinen. Eine Geneh=
migung, die erteilt werden muß, ist eben keine Genehmigung.
Und keine gewerbliche Genehmigung ist jemals mit dem Recht aus=
gestattet worden, einen Geschäftsnachfolger zu präsentieren! Der
Umstand, daß der Inhaber der verkäuflichen Apothekenkonzession
sein Grundstück verkaufen und als Mieter die Apotheke fort=
setzen könnte, ist nicht entscheidend; denn auch bei einer großen
Zahl von Apothekenprivilegien, und zwar bei denjenigen, die
nicht nur für das Grundstück, sondern als selbständige Gerech=
tigkeiten erteilt sind, könnte auch das Privileg nach Verkauf des
Grundstücks vom Inhaber des Privilegs als Mieter ausgeübt
werden.

Pistor (Das Apothekenwesen in Preußen, Berlin 1894)
verkennt nicht, daß die verkäufliche Apothekenkonzession eine
vererbliche und veräußerliche Berechtigung persönlicher und
nicht dinglicher Natur ist; gleichwohl hält er die auf Grund
einer verkäuflichen Apothekenkonzession betriebene Apotheke nicht
für ein Rechtsobjekt, hält die Konzession nur für bedingt ver=
käuflich, nämlich bedingt durch die Zustimmung der Regierung,
und ist der Ansicht, daß sie nicht verpfändbar sei. Er sagt Seite 61:

„Demgemäß bestehen in Preußen zwei verschiedene Berechtigungen zum
Apotheken=Betriebe, eine dingliche, veräußerliche und vererbliche (das Privi=
legium) und eine nach dem Wortlaut der erteilten Ermächtigung rein per=
sönliche Berechtigung, welche seit 1846 (vergl. S. 31) auch wieder vererblich
und veräußerlich geworden ist.
Die privilegierte Apotheke bildete ursprünglich ein selbständiges, dau=
erndes, vom Staate in seinem Gesamtbestande anerkanntes Rechtsobjekt,

welches für sich ohne persönliche Bedingung besteht, übertragbar, auch verpfändbar ist und daher sein eigenes Blatt in dem Grundbuch (Hypotheken-
buch) von den Privilegien hat

Die konzessionierte Apotheke ist vom rein rechtlichen Standpunkt an sich
kein Rechtsobjekt, wird ein solches vielmehr erst dadurch, daß von einer
staatlich auserwählten und mit besonderer Genehmigung betrauten Person
die für den Betrieb einer Apotheke erforderlichen Einrichtungen getroffen
werden. Die erteilte Genehmigung, Konzession, kann daher nicht ohne Zustimmung der genehmigenden Behörde verkauft, mit rechtlicher Gültigkeit
weder verpfändet noch in das Grundbuch eingetragen werden.

Die privilegierte Apotheke besteht auch nach dem Tode ihres Besitzers
ohne staatliche Genehmigung weiter.

Im Laufe der Jahre hat sich nun zwar der Unterschied zwischen privilegierten und konzessionierten Apothekenberechtigungen fast vollständig ver-
wischt, besteht aber betreffs der Grundbuchfähigkeit naturgemäß fort".

Pistor will anscheinend der Tendenz seines Werks gemäß
das in dem Begriff der verkäuflichen Apothekenkonzession liegende
private wohlerworbene Apothekenbetriebsrecht leugnen, ist aber
ein zu scharfer Kenner der Apothekenberechtigungen, als daß er
nicht den einzigen Unterschied zwischen Privileg und verkäuflicher
Apothekenkonzession klar erkannt hätte, nämlich den, daß das
verkäufliche Privileg dinglicher, die verkäufliche Apothekenkonzession persönlicher Natur ist, und daß es keine weiteren Ver-
schiedenheiten zwischen diesen beiden Apothekenbetriebsrechten
gibt als die durch diesen einzigen Unterschied bedingten.

Wenn Pistor als Unterschied zwischen Konzession und
Privileg das Weiterbestehen der privilegierten Apotheke nach
dem Tode des Inhabers anführt, so hat er zum mindesten den
Fall der Vererbung der Konzession auf Witwe und minder-
jährige Kinder auf Grund des § 4 der Apothekenordnung übersehen, ein Fall, in dem sogar die auf Grund der Kabinettsorder vom 30. Juni 1894 konzessionierte Apotheke ohne jede
staatliche Genehmigung weiter besteht.

Auch Borgstette (Die Apothekengesetze in Preußen, Münster
1906) hat sich der in dem Ministerialreskript vom 10. August
1871 vertretenen Ansicht angeschlossen. Er wiederholt in seinen
Ausführungen die Ansichten von Staas und Eulenberg, die
deshalb nicht besonders erwähnt zu werden brauchen. Er
führt aus:

„Wir haben demnach augenblicklich in Preußen drei Arten von Apothekenbetriebsberechtigungen, nämlich:

1. Apothekenprivilegien (frei veräußerlich),
2. Realkonzessionen (frei veräußerlich),
3. Reine Personalkonzessionen (unveräußerlich).

Zum Schluß sei hier eine Definition der Begriffe Privilegien und Konzessionen wiedergegeben, wie sie sich in Staas 1870 und Eulenberg 1874 findet. Es heißt dort:

Die privilegierte Apotheke bildet ein selbständiges, dauerndes, vom Staate in seiner Totalität anerkanntes Rechtsobjekt, welches von der Person des jedesmaligen Besitzers, von den Vorräten, Gerätschaften und Einrichtungen insofern unabhängig ist, als es durch eine hierin eintretende Veränderung rechtlich gar nicht berührt wird.

Die konzessionierte Apotheke erscheint dagegen nicht als ein Ganzes, nicht als ein Etablissement, sondern nur als ein Aggregat von Vorräten, Gerätschaften und Einrichtungen, welche objektiv keinen rechtlichen Zusammenhang haben, sondern nur dadurch in Verbindung miteinander stehen, daß sie von einer zum Betriebe des Apothekergewerbes berechtigten Person zusammen für diesen Zweck gebraucht werden. Mit dem Augenblick, wo die zum Betriebe des Apothekergewerbes berechtigte Person durch Tod oder sonst ausscheidet, hört die Apotheke auf zu existieren; der konzessionierte Apotheker oder dessen Erben können nur die Vorräte, Gerätschaften 2c., nicht aber das Recht — die Konzession — zum Betriebe des Apothekergewerbes veräußern.

Auch das oben angeführte Ministerialreskript vom 10. August 1871 spricht sich bezüglich der konzessionierten Apotheke in demselben Sinne aus, und in der Tat kann eine Konzession, die lediglich den Charakter einer persönlichen Berechtigung für den Inhaber trägt, von vornherein unmöglich Gegenstand privatrechtlicher Übertragung sein. Die bis zum Jahre 1886 bezw. 1894 erteilten Apothekenkonzessionen sind aber mit der besonderen Befugnis ausgestattet, daß der Inhaber oder dessen Hinterbliebene das Recht haben, einen Nachfolger zu präsentieren, welchem dann im Falle seiner sonstigen Qualifikation die Konzession erteilt werden muß.“

Sollte wirklich die Rechtsordnung verkennen, daß auch beim Ausscheiden des Inhabers einer verkäuflichen Apothekenkonzession die Apotheke genau so fortbesteht wie beim Privileg? Sollte wirklich die privatrechtliche Übertragung der verkäuflichen Apothekenkonzession, die tagtäglich vorkommt, mit dem Recht im Widerspruch stehen? Und welches Recht, welches Gesetz soll denn diese Übertragung der mit verkäuflicher Apothekenkonzession bezeichneten privaten Gerechtsame verbieten? Wird denn die Übertragung der verkäuflichen Apothekenkonzession nicht auch unter dem Schutze der Gerichte und Verwaltungsbehörden vorgenommen?

In dem Erlaſſe vom 24. Januar 1852 ſtellt der Miniſter feſt, daß die verkäufliche Apothekenkonzeſſion einen Teil des Nachlaſſes des verſtorbenen Inhabers bildet, und daß deshalb das Präſentationsrecht nur von allen Erben ausgeübt werden kann; gleichwohl ſoll die Apotheke auch bei verkäuflicher Apotheken=konzeſſion beim Tode zu exiſtieren aufhören; gleichwohl ſollen die Erben nur die Vorräte und Gerätſchaften und nicht auch die Konzeſſion veräußern dürfen!

Aber auch Borgſtette verkennt nicht die Beſonderheit der verkäuflichen Apothekenkonzeſſion, daß ſie mit dem Präſentations=recht ausgeſtattet iſt, ſcheint aber anzunehmen, daß dieſes Präſentationsrecht die rechtliche Natur der verkäuflichen Apotheken=konzeſſion in keiner Weiſe berührt.

Von älteren Autoren mag hier Lindes (Das Apotheken=weſen, 1843) erwähnt werden, der die Apothekenkonzeſſion unter der Bezeichnung „Gewerbs=Berechtigungen" aufführt.

Ein Aufſatz in Gruchots Beiträgen, Bd. 1, S. 37 aus dem Jahre 1856 hält die konzeſſionierten Apotheken genau ſo für vererblich und veräußerlich wie die privilegierten. Ebenſo ſagt Koch in ſeinem Lehrbuch des Preußiſchen gemeinen Privatrechts § 400, S. 713:

Von Rechts wegen gibt es bezüglich auf das Veräußerungsgeſchäft keinen juriſtiſchen Unterſchied zwiſchen einer auf Grund einer alten gewerblichen Realberechtigung vorhandenen gewerblichen Anlage und einer erſt neuerlich zufolge obrigkeitlicher Konzeſſion eingerichteten Gewerbebetriebsanſtalt.

Weder Gruchot noch Koch gehen aber auf das Weſen der Konzeſſion näher ein. Beide verkennen, daß es ſich bei der Apothekenkonzeſſion um eine von der zuſtändigen Staatsbehörde verliehene Berechtigung handelt, die noch gegenwärtig genau ſo verliehen wird wie vor 1810 das Perſonalprivileg. Es iſt aber bezeichnend, daß ſie gleichwohl die konzeſſionierte Apotheke für unbedingt und unbeſchränkt vererblich und veräußerlich halten und die Staatsbehörde nur für berechtigt erklären, die Kon=zeſſion einzuziehen, ſofern das Bedürfnis für die Apotheke nicht mehr vorhanden iſt.

Es iſt ſchon erwähnt, daß der Miniſterialerlaß vom

5. September 1894 alle Apothekenkonzessionen schlechthin als Apothekengerechtigkeiten bezeichnet.

Mehrere andere Autoren lassen die rechtliche Natur der verkäuflichen Apothekenkonzession völlig dahingestellt und stellen nur die Tatsache fest, daß im Rechtsverkehr der Apotheker zwischen verkäuflicher Apothekenkonzession und Privileg ein Unterschied nicht besteht; so Hue de Grais, der ebenfalls bereits erwähnt ist.

Erst nach Erlaß des Stempelsteuergesetzes von 1895 ist auch in der Literatur der Rechtscharakter der verkäuflichen Apothekenkonzession klar und ganz unzweideutig betont. Heinitz sagt in seinem Kommentar zum Stempelsteuergesetz zur Tarifstelle 22, Anmerkung 2b:

„Diejenigen Apotheken, welche seit dem Inkrafttreten der Verordnung wegen Anlegung neuer Apotheken vom 24. Oktober 1811 errichtet sind, beruhen auf einer vererblichen und veräußerlichen Berechtigung."

Heinitz äußert sich dann weiter, daß der Geschäftsnachfolger, da auch die verkäufliche Apothekenkonzession immer nur der Person erteilt sei, noch einer staatlichen Genehmigung bedarf, daß diese Genehmigung auf Grund des veräußerlichen und vererblichen Rechts des Inhabers aber dem Geschäftsnachfolger erteilt werden muß. Demgegenüber mag nochmals hervorgehoben werden, daß eine Genehmigung, die erteilt werden muß, rechtlich eine Genehmigung nicht ist; denn wenn eine Verwaltungsbehörde etwas genehmigen muß, so hat sie eben nichts zu genehmigen, und ob sie genehmigt oder nicht, ist bei solcher Sachlage ganz gleichgültig. Die Erteilung der Konzession an den Geschäftsnachfolger ist nichts weiter als die Bestätigung, daß das vererbliche und veräußerliche Recht vorhanden, und daß dieses Recht an einen qualifizierten Nachfolger übertragen ist.

Hummel und Specht sagen in ihrem Kommentar zum Stempelsteuergesetze (1906) zur Tarifstelle 22 S. 605:

„Seit der Verordnung vom 24. Oktober 1811 (GS., S. 359) wurden nur noch persönliche Berechtigungen zum Apothekenbetriebe verliehen; diese sind vererblich und veräußerlich, wenn sie sich auf Apotheken beziehen, die bereits vor dem 11. Juli 1894 bestanden haben."

Auch in dem kleinen Kommentar zum Stempelsteuergesetze von Boehm=Sontag (4. Aufl. 1910) heißt es zur Tarifstelle 22. Seite 219:

> Bezüglich der Apotheken sind zu unterscheiden:
> a) Apothekenprivilegien usw.
> b) Vererbliche und veräußerliche Apothekenkonzessionen. (Sie haben nicht die Eigenschaft unbeweglicher Sachen.) Bei diesen ist die Regierung verpflichtet, den präsentierten Nachfolger zu konzessionieren, und besitzt kein Recht, eine einmal konzessionierte Apotheke wieder zu beseitigen.

Es ist schon darauf hingewiesen, daß bei Beratung des Stempelsteuergesetzes vom Jahre 1895 der Rechtscharakter der verkäuflichen Apothekenkonzession vom Minister und allen Regierungsvertretern ganz zweifelsfrei festgestellt ist. Hier mag noch erwähnt werden, daß die Berichte der Kommission sich auch für die hier vertretene Ansicht verwerten lassen, daß die ver= käufliche Apothekenkonzession ein persönliches, dem Privileg analoges veräußerliches und vererbliches Apothekenbetriebsrecht ist.

Über den Unterschied zwischen dem Privileg und der ver= käuflichen Apothekenkonzession äußerten sich nämlich die Ver= treter der Regierung in der Kommission des Abgeordnetenhauses, die zur Beratung des Stempelsteuergesetzes gebildet war, nach dem Bericht dieser Kommission, wie folgt:

> Die sogenannten Apothekenprivilegien, welche meistens sehr alten Ur= sprungs sind, unterscheiden sich von den vererblichen und veräußerlichen Konzessionen dadurch, daß die Berechtigung zum Betriebe der Apotheke eine selbständige Grundgerechtigkeit ist, daß also eine Konzessionserteilung gar nicht stattfindet, sondern für den Inhaber dem Staat gegenüber lediglich die auf Grund der Reichsgewerbeordnung erfolgende und allgemein geltende Appro= bation erforderlich ist.
>
> Der Begriff der vererblichen und veräußerlichen Konzessionen dagegen ist — vielleicht per nefas — durch die langjährige Praxis entstanden, nun= mehr aber als zu Recht bestehend, anerkannt, insofern als die Regierung verpflichtet ist, den präsentierten Nachfolger zu konzessionieren, und kein Recht besitzt, eine einmal konzessionierte Apotheke wieder zu beseitigen. Da mit dem Betriebe einer Apotheke die ausschließliche Berechtigung zum Verkauf der sogen. Apothekerwaren verbunden ist, so steht der Wert der vererblichen und veräußerlichen Konzessionen den Privilegien gleich. Da ferner mit dem Jahre 1894 das reine Personalprinzip aus= schließlich zur Einführung gelangt ist, so liegt es auf der Hand, daß diese Werte eine steigende Tendenz zeigen.

Daß der Begriff der veräußerlichen und vererblichen Konzession per nefas und nur durch die langjährige Praxis entstanden ist, trifft nicht zu; denn er hat seine rechtliche Grundlage in der Kabinettsorder vom 5. Oktober 1846, also in einer einem Gesetze gleichstehenden Rechtsquelle. Es darf nicht übersehen werden, daß vor Einführung der Verfassung der Wille des Königs Gesetz war. Dernburg sagt in seinem „Preußischen Landrecht", 5. Auflage 1894, Seite 29, Anmerkung 3 und 4:

Die Benennung der vom Könige erlassenen Gesetze war verschieden: Patent, Gesetz, Verordnung, Instruktion, Kabinettsorder.

Erklärungen des Königs über Rechtsverhältnisse hatten allgemein verbindliche Kraft, sofern bei denselben die Absicht der Gesetzgebung bestand.

Bei Foerster-Eccius, Preußisches Privatrecht, 6. Auflage, heißt es im § 9, S. 36:

Solange in Preußen die gesetzgebende Gewalt allein dem König zustand, konnte jede Anordnung desselben die formelle Geltung eines Gesetzes haben, gleichviel unter welchem Namen sie erlassen wurde. Dem Inhalt nach gehörte auch damals schon zum Begriffe des Gesetzes, daß dadurch Rechte und Verbindlichkeiten der Einwohner des Staats bestimmt wurden.

Und daß bei Erlaß der Kabinettsorder vom 5. Oktober 1846 die Absicht der Gesetzgebung bestand, die Absicht, Rechte der Einwohner zu regeln, kann nicht bezweifelt werden. Den Inhabern der Konzession sollte ein veräußerliches und vererbliches Präsentationsrecht gegeben werden, das die Regierungen binden sollte, dem präsentierten Geschäftsnachfolger die Konzession weiter zu verleihen. Es soll durch die Kabinettsorder vom 5. Oktober 1846, wie der Ministerialerlaß vom 21. Oktober 1846 ausdrücklich hervorhebt, der bis zum Jahre 1842 vorhandene, auf Gewohnheitsrecht basierende Rechtszustand gesetzlich sanktioniert werden; deshalb muß die Kabinettsorder vom 5. Oktober 1846 als Gesetz angesehen werden.

IV. Die Verpfändbarkeit der verkäuflichen Apothekenkonzession.

a) Zulässigkeit.

Die verkäufliche Apothekenkonzession ist ein persönliches, vererbliches und veräußerliches Apothekenbetriebsrecht. Ist diese Begriffsbestimmung richtig, so liegt in ihr auch die Zulässigkeit der Verpfändung; denn jedes veräußerliche Recht ist verpfändbar. Im einzelnen ist hier auf folgendes hinzuweisen. Der § 1273 des BGB. bestimmt:

„Gegenstand des Pfandrechts kann auch ein Recht sein. Für das Pfandrecht an Rechten finden die Vorschriften über das Pfandrecht an beweglichen Sachen entsprechende Anwendung, soweit sich nicht aus den §§ 1274 bis 1296 ein anderes ergibt."

Der § 1274 des BGB. schreibt vor:

„Die Bestellung des Pfandrechts an einem Rechte erfolgt nach den für die Übertragung des Rechts geltenden Vorschriften.

Soweit ein Recht nicht übertragbar ist, kann ein Pfandrecht an dem Rechte nicht bestellt werden."

Die Verpfändbarkeit eines Rechts findet also ihre Grenze in der Nichtübertragbarkeit desselben. Ist aber ein Recht übertragbar, kann es auf einen anderen übertragen werden, dann ist es auch verpfändbar. Deshalb kann die Zulässigkeit der Verpfändbarkeit der verkäuflichen Apothekenkonzession mit Grund nicht geleugnet werden. Der Rechtsverkehr hat sie auch stets als verpfändbar angesehen, und viele Millionen des deutschen Kapitals finden ihre Deckung allein und ausschließlich in der Verpfändung der verkäuflichen Apothekenkonzession.

In einem amtlichen Schreiben aus dem Jahre 1896, das bei Böttger, S. 254 abgedruckt ist, wird die Verpfändbarkeit der verkäuflichen Apothekenkonzession geleugnet. Dieses Schreiben lautet:

In Apothekerkreisen scheint die Ansicht verbreitet zu sein, daß die Konzession zur Errichtung einer Apotheke als Pfandobjekt für dargeliehene Gelder dienen könne. Diese Ansicht ist nicht zutreffend. Nur Apothekenprivilegien können Pfandobjekte sein. Wenn die Ministerialerlasse vom 9. Mai 1851 und 19. März 1852 es für zulässig erklären, daß bei Zwangsversteigerungen von Grundstücken, in welchen sich eine konzessionierte Apotheke befindet, die Konzession für dieselbe dem Ersteher des Grundstücks, falls er ein qualifizierter Apotheker ist, verliehen werden darf, so stützten sich diese Bestimmungen darauf, daß die Allerhöchste Order vom 5. Oktober 1846 und der darauf ergangene Erlaß vom 21. desselben Monats (Min.=Bl. f. d. i. V., S. 209) die Veräußerlichkeit konzessionierter Apotheken (Präsentation eines Geschäftsnachfolgers) bis auf weiteres zugestanden hatten. Anders verhält es sich mit den Apotheken, für welche die Konzession nach Maßgabe der Allerhöchsten Order vom 7. Juli 1886 und des dazu ergangenen Erlasses vom 21. desselben Monats (Min.=Bl. f. d. i. V., S. 161) erteilt worden ist. Solche Apotheken sind 10 Jahre nach ihrer Errichtung unveräußerlich; während dieser Zeit ist die Präsentation eines Geschäftsnachfolgers also nicht gestattet. Es kann deshalb, falls ein Grundstück, in welchem eine solche Apotheke eingerichtet ist, zur Zwangsversteigerung kommt, die Apotheken=konzession dem Ersteher, selbst wenn er ein qualifizierter Apotheker ist, nicht verliehen werden. Die Konzession verbleibt vielmehr dem damit Beliehenen oder fällt während der Dauer der Unveräußerlichkeit, falls der Beliehene eine Apotheke einzurichten oder zu betreiben nicht mehr imstande ist, an den Staat zurück. Personalkonzessionen, welche auf Grund der Allerhöchsten Order vom 30. Juni 1894 verliehen worden sind, kommen für diese Frage überhaupt nicht in Betracht.

Begründet ist die Ansicht, daß die verkäufliche Apotheken=konzession angeblich unverpfändbar, in diesem Schreiben nicht. Das Schreiben will sich anscheinend hauptsächlich mit den auf Grund der Kabinettsorder vom 7. Juli 1886 erteilten, zehn Jahre lang unveräußerlichen Apothekenkonzessionen beschäftigen, die jetzt nicht weiter in Betracht kommen. Für die andere verkäufliche Apothekenkonzession stellt das Schreiben sogar fest, daß diese auch im Falle der Zwangsversteigerung eines Apo=thekengrundstücks, dessen Eigentümer eine verkäufliche Apotheken=konzession hat, auf den Ersteher übertragen werden müsse, daß also auch im Falle der Zwangsversteigerung der Pfandgläubiger seine Befriedigung nicht nur aus dem Grundstück, sondern auch aus der Konzession erlangt. Gerade aus dem Umstande, daß der Ersteher die Konzession erhält, daß also die veräußerliche Kon=zession trotz des Widerspruchs und gegen den Willen des In=habers dem Ersteher erteilt werden muß, wenn der Pfand=gläubiger oder auf dessen Antrag das Gericht die erforderlichen Anträge stellt, ergibt sich deren Verpfändbarkeit.

Fraglich kann vielleicht sein, ob die Verpfändbarkeit der verkäuflichen Apothekenkonzession zugunsten jedes Dritten besteht oder nur zugunsten von qualifizierten Apothekern; denn der § 1274 des BGB. erklärt Rechte nur insoweit für verpfändbar, als sie übertragbar sind, und man könnte einwenden, daß die verkäufliche Apothekenkonzession nur auf einen qualifizierten Apotheker übertragbar ist. Die Analogie mit dem Privileg, das natürlich auch nur von qualifizierten Apothekern ausgeübt werden kann, ergibt die Verpfändbarkeit der verkäuflichen Apothekenkonzession zugunsten jedes Dritten, also auch zugunsten von Personen, die nicht qualifizierte Apotheker sind; dies um so mehr, als ja auch solche Personen Inhaber der verkäuflichen Apothekenkonzession sein können; man denke an die Witwe und Erben des Inhabers. Die Ausübung der verkäuflichen Apothekenkonzession ist genau so wie beim Privileg nur seitens eines qualifizierten Apothekers zulässig.

b) Form der Verpfändung. Realisierung des Pfandrechts.

Die Form der Verpfändung der verkäuflichen Apotheken=konzession ist die gleiche wie die für die Übertragung vorge=schriebene Form. Dies ist in dem eben zitierten § 1274 des BGB. ausdrücklich bestimmt. Da für die Übertragung der ver=käuflichen Apothekenkonzession eine besondere Form nicht vor=geschrieben, da also die Übertragung formlos erfolgen kann, gilt dies auch für die Verpfändung; auch die Verpfändung der verkäuflichen Apothekenkonzession ist formlos zulässig.

Für die Realisierung des Pfandrechts kommt folgendes in Betracht:

Der Pfandgläubiger kann nach § 1277 des BGB. seine Befriedigung aus der verkäuflichen Apothekenkonzession nur auf Grund eines vollstreckbaren Schuldtitels nach den für die Zwangsvollstreckung geltenden Vorschriften suchen. Der Pfand=gläubiger muß also seinen Schuldner verklagen und ein ob=siegendes Urteil gegen ihn erstreiten. Die zwangsweise Pfändung der verkäuflichen Apothekenkonzession erfolgt auf Grund des § 857 der Zivilprozeßordnung durch Gerichtsbeschluß. Das Gericht kann auch die Veräußerung des Rechts anordnen. Das

Gericht kann die Verwaltungsbehörde in analoger Anwendung der Ministerialerlasse vom 9. Mai 1851 und 19. Mai 1852 ersuchen, dem Ersteher die Erteilung der Konzession zuzusichern, und unter dieser Zusicherung den Verkauf vornehmen.

Alle hier für die Realisierung des Pfandrechts an der verkäuflichen Apothekenkonzession aufgestellten Grundsätze gelten nur dann, wenn die Konzession allein und ohne das Apothekengrundstück zwangsweise verwertet werden soll. Dieser Fall ist kaum je vorgekommen; er kann nur vorkommen, wenn der Inhaber einer verkäuflichen Apothekenkonzession die Apotheke in Mietsräumen betreibt und gleichwohl die Konzession verpfändet hat. Der Fall, der allein praktisch häufig ist, ist der, daß das Apothekengrundstück, dessen Eigentümer Inhaber einer verkäuflichen Apothekenkonzession ist, zwangsweise versteigert wird; es soll deshalb auf den Fall der Verwertung der Konzession ohne Grundstück nicht weiter eingegangen werden.

c) Die zwangsweise Verwertung von Apothekengrundstück und verkäuflicher Apothekenkonzession.

Die zwangsweise Verwertung von Apotheke und verkäuflicher Apothekenkonzession ist in den beiden Ministerialerlassen vom 9. Mai 1851 und 19. März 1852 klar und zweckmäßig geregelt. Danach hat

1. die Verwaltungsbehörde dem Zwangsversteigerungsgericht mitzuteilen, daß dem Ersteher, falls derselbe ein qualifizierter Apotheker sein sollte, die Konzession zur Fortführung der Apotheke werde verliehen werden,

2. das Gericht die Aufnahme dieser Zusicherung in die Kaufbedingungen zu veranlassen und den Ersteher, sofern er ein qualifizierter Apotheker ist, der Verwaltungsbehörde als Nachfolger in die Konzession zu präsentieren.

In beiden Erlassen ist ausdrücklich festgestellt, daß die Verwaltungsbehörde sowohl dem Gericht als dem Ersteher gegenüber verpflichtet ist, dem zu präsentierenden Ersteher, seine Qualifikation immer vorausgesetzt, die Konzession zu erteilen.

Die beiden Ministerialerlasse gehen offenbar von der An=
sicht aus, daß Grundstück und verkäufliche Apothekenkonzession
zusammengehören, und daß das Grundstück zusammen mit der
verkäuflichen Apothekenkonzession zugunsten der Gläubiger, die
nicht nur das Grundstück, sondern auch die verkäufliche Apo=
thekenkonzession als Pfand beliehen haben, verwertet werden
muß. Die beiden Ministerialerlasse sehen mit Recht die ver=
käufliche Apothekenkonzession als Bestandteil des Grundstücks
im Sinne des § 96 des BGB. an. Das Grundstück ist eben
nur Apothekengrundstück, weil dem Eigentümer die verkäufliche
Apothekenkonzession zusteht, und so lange der Eigentümer des
Grundstücks Inhaber der verkäuflichen Apothekenkonzession ist,
so lange gehören beide Rechte, Eigentum und Konzession, zu=
sammen, so lange bildet die verkäufliche Apothekenkonzession einen
Bestandteil des Grundstücks. Ein analoger Fall ist das Recht
des Eigentümers an dem Amortisationsfonds der Landschaft,
welches ebenfalls als Bestandteil des Grundstücks angesehen
wird. (Vgl. Reichsgericht, Juristische Wochenschrift 1907, S. 702.)

Auch wenn man die verkäufliche Apothekenkonzession als
Bestandteil des Apothekengrundstücks ansieht, bleibt die Konzession
natürlich ein persönliches Recht des Eigentümers, genau so
wie das Recht am Amortisationsfonds.

Zweifelhaft kann nur sein, ob das Vollstreckungsgericht
auch heute noch von Amts wegen die Aufnahme der Zusicheurng
der Präsentation in die Versteigerungsbedingungen zu betreiben
hat, ob also das Vollstreckungsgericht von Amts wegen verpflichtet
ist, die Ministerialverfügungen vom 9. Mai 1851 und
19. März 1852 zu beachten? Die Frage ist zu verneinen.
Die Zwangsversteigerung von Grundstücken ist gegenwärtig
durch das Gesetz vom 24. März 1897 geregelt. In diesem
Gesetze sind die gesetzlichen Versteigerungsbedingungen er=
schöpfend normiert. Im § 59 ist bestimmt:

Jeder Beteiligte kann eine von den gesetzlichen Vorschriften abweichende
Feststellung des geringsten Gebots und der Versteigerungsbedingungen ver=
langen.

Das Gericht ist hiernach von Amts wegen nicht befugt,

die gesetzlichen Versteigerungsbedingungen zu ändern. Das er=
gibt sich aus den Motiven zum Gesetze, in denen es heißt:

> Das Gericht hat nur die formelle Leitung des Verfahrens, dagegen
> nicht den Beruf, durch sein Ermessen in das materielle Recht der Be=
> teiligten einzugreifen.

Hierüber sind auch alle Kommentatoren einig. Soll eine
Änderung der gesetzlichen Versteigerungsbedingungen erfolgen,
so muß sie von einem Beteiligten in Antrag gebracht werden.
Das schließt natürlich eine Anregung des Gerichtes an die Be=
teiligten, sachgemäße Anträge in bezug auf die Versteigerungs=
bedingungen zu stellen, nicht aus. Würde aber einer solchen
Anregung von keinem Beteiligten Folge geleistet werden, so
hätte das Gericht nicht das Recht, die gesetzlichen Versteigerungs=
bedingungen zu ändern.

Zu den gesetzlichen Versteigerungsbedingungen gehören nun
die Vorschriften der Ministerialverfügungen vom 5. Mai 1851
und 19. März 1852 nicht. Es handelt sich um Anweisungen
des Ministers an die nachgeordneten Behörden, also nicht um
ein Gesetz.

Es muß deshalb ein Beteiligter die Aufnahme der Vor=
schriften der erwähnten Ministerialverfügungen in die Ver=
steigerungsbedingungen in Antrag bringen. Das Gericht handelt
nicht schuldhaft, wenn es diese Aufnahme ohne Antrag nicht ver=
anlaßt, und es kann, sofern ein solcher Antrag eines Be=
teiligten nicht vorliegt, weder ein Verschulden des Gerichts noch
eine Haftung des Fiskus in Frage kommen, wenn durch die
Nichtaufnahme einem Beteiligten ein Schaden erwachsen ist.

Die in den erwähnten Ministerialverfügungen vertretene Ansicht,

> daß das die Zwangsversteigerung leitende Gericht den
> Schuldner in allen, den Verkauf angehenden Beziehungen
> zu vertreten hat,

ist nach geltendem Rechte unzutreffend. Ob sie nach der zur
Zeit des Erlasses der Ministerialverfügungen geltenden AGO.
zutreffend war, kann dahingestellt bleiben, ist aber wohl auch
für den damaligen Rechtszustand nach der positiven Vorschrift
des § 28 AGO. I, 52 zu bezweifeln.

Wer als Beteiligter im Zwangsversteigerungsverfahren an=
zusehen ist, ist im Gesetze genau bestimmt. Hier mag nur darauf
hingewiesen werden, daß zu den Beteiligten außer dem Eigen=
tümer jeder Hypothekengläubiger gehört.

Welche Anträge hat nun ein Beteiligter zu stellen, um die
Vorschriften der beiden erwähnten Ministerialerlasse zur
Anwendung zu bringen? Er hat zunächst die Zusicherung
seitens der Verwaltungsbehörde zu erwirken und alsdann deren
Aufnahme in die Versteigerungsbedingungen zu beantragen.
Der Beteiligte muß sich also an die Regierung wenden, die
Regierung von der Einleitung der Zwangsversteigerung und
dem bevorstehenden Verkauf des Apothekengrundstücks, dessen
Eigentümer die verkäufliche Apothekenkonzession hat, in Kenntnis
setzen und sie ersuchen, dem Vollstreckungsgericht mitzuteilen, daß
dem Ersteher die Konzession werde übertragen werden. Ist
diese Zusicherung beim Vollstreckungsgericht eingegangen, so hat
der Beteiligte beim Vollstreckungsgericht zu beantragen, daß
folgende Bedingung in die Versteigerungsbedingungen auf=
genommen werde:

Die Königliche Regierung zu N. hat zugesichert, daß dem Ersteher des
Grundstücks, falls derselbe ein qualifizierter Apotheker sein sollte, die Konzession
zur Fortführung der in dem Grundstücke seither betriebenen Apotheke werde
verliehen werden.

Wird unter dieser Bedingung das Apothekengrundstück aus=
geboten, so ist die Verwaltungsbehörde verpflichtet, die Konzession
dem Ersteher zu übertragen. Der Ersteher hat dann eben die
verkäufliche Apothekenkonzession zusammen mit dem Grundstück,
dessen Bestandteil sie bildet, erworben; die Konzession ist auf
ihn übergegangen und damit das Präsentationsrecht, und er
kann jetzt sich selbst als Nachfolger präsentieren oder sich auch
durch das Vollstreckungsgericht präsentieren lassen.

Sieht man die verkäufliche Apothekenkonzession als Bestandteil
des Apothekengrundstücks an, so kommt man zu dem gleichen
Resultate, auch wenn die besonderen Versteigerungsbedingungen
auf Grund der beiden Ministerial=Erlasse nicht normiert waren.
Dann erwirbt eben der Ersteher durch den Zuschlag nicht nur

das Grundſtück, ſondern auch deſſen Beſtandteile. Der Erſteher wird Inhaber der verkäuflichen Apothekenkonzeſſion, erwirbt das dem Subhaſtaten zuſtehende Präſentationsrecht und kann ſich ſelbſt präſentieren, ähnlich wie etwa der Alleinerbe das Recht hat, wenn er qualifizierter Apotheker iſt, ſich ſelbſt als Nachfolger zu präſentieren.

V. Die verkäufliche Apothekenkonzeſſion und die Steuer.

In einer Hinſicht ſind die verkäuflichen Apothekenkonzeſſionen gut fortgekommen, und zwar in allen Steuerfragen. Weil man die rechtliche Natur der verkäuflichen Apothekenkonzeſſion vielfach verkannt, hat man ſie zur Steuer nicht ſo herangezogen, wie es dem Geſetze entſpricht.

a) Die Ergänzungsſteuer.

Die Ergänzungsſteuer iſt eingeführt durch das Geſetz vom 14. Juli 1893; ſie iſt eine Vermögensſteuer. Wer auch nur ganz oberflächlich die wirtſchaftlichen Verhältniſſe der Apotheker kennt, der weiß, daß das veräußerliche und vererbliche Apothekenbetriebsrecht den wertvollſten Teil des Vermögens des Apothekers ausmacht, meiſt viel wertvoller als Grundſtück und beweglicher Beſitz zuſammen. Gemäß einem Beſchluſſe des Bundesrats vom 3. April 1909 hat am 1. Mai 1909 eine Ermittlung der pharmazeutiſchen Anſtalten ſtattgefunden. Dieſe Ermittlung hat nach dem Berichte der Pharmazeutiſchen Zeitung 1910, Nr. 45, ergeben, daß in Preußen 1943 verkäufliche Apothekenkonzeſſionen beſtehen. Rechnet man den durchſchnittlichen Wert einer verkäuflichen Apothekenkonzeſſion auf 100 000 M — dieſer Durchſchnitt dürfte eher zu niedrig als zu hoch gegriffen ſein —, ſo ergibt ſich ein Wert der verkäuflichen Apothekenkonzeſſion in Preußen von rund 194 Millionen M. Und dieſe Werte ſollen nach der oben erwähnten Entſcheidung des Oberwaltungsgerichts der Vermögensſteuer nicht unterliegen! Die 1943 Apotheker mit verkäuflicher Apothekenkonzeſſion ſind nach Anſicht des Ober-

waltungsgerichts berechtigt, mindestens je 100 000 M ihres Ver=
mögens zur Ergänzungssteuer nicht heranzuziehen!

Da das Oberwaltungsgericht die verkäuflichen Apotheken=
konzessionen nicht als Rechte ansieht, hielt es den § 4 Ziffer 1
des Egänzungssteuergesetzes auf die verkäuflichen Apotheken=
konzessionen nicht für anwendbar. Es wird diesen Rechtsstand=
punkt bei erneuter Prüfung nicht aufrecht erhalten können, zumal
das Ergänzungssteuergesetz nicht etwa nur selbständige, den
Grundstücken gleich geartete Rechte, sondern alle selbständigen
Rechte der Vermögenssteuer unterwirft.

b) Der Stempel für die Veräußerung.

Mit Recht nimmt das Reichsgericht an, daß der Vertrag
über die Veräußerung der verkäuflichen Apothekenkonzession
stempelrechtlich auch dann als besonderer Vertrag anzusehen ist,
wenn er in derselben Urkunde mit dem Kaufvertrag über das Grund=
stück beurkundet ist. Der Vertrag über die Veräußerung der verkäuf=
lichen Apothekenkonzession unterliegt deshalb dem allgemeinen Ver=
trags stempel nach Tarifstelle 71 des Stempelsteuergesetzes.

Daneben wird von der Verwaltungsbehörde, welche die
sog. Konzession erteilt, ein Stempel von $^1/_2\%$ des Wertes der
verkäuflichen Apothekenkonzession, mindestens aber von 150 M
erhoben.

Die Verstempelung des Vertrages über die Veräußerung
der verkäuflichen Apothekenkonzession erleidet dadurch keine Än=
derung, daß die verkäufliche Apothekenkonzession als Bestandteil
des Apothekengrundstücks gilt; es ist schon erwähnt, daß Rechte,
die mit dem Eigentum an einem Grundstücke verbunden sind,
nach § 96 des BGB. als Bestandteile dieses Grundstücks gelten.
Derartige Rechte sind zwar nicht Bestandteile, gelten nur als
solche. Sie werden deshalb auch nicht von allen rechtlichen
Schicksalen des Grundstückes erfaßt, und die Steuerpflicht, die
das Grundstück trifft, erfaßt deshalb auch nicht derartige un=
wesentliche, nur präsumierte Bestandteile, ähnlich wie etwa das
Zubehör steuerrechtlich nicht der Hauptsache gleich zu behandeln

ist und niemals gleich behandelt ist. Übrigens galten vor Einführung des BGB. in Preußen derartige Rechte als Zubehör des Grundstücks; sie können ihren steuerrechtlichen Charakter nicht dadurch geändert haben, daß die Gesetzgebung eine andere Bezeichnung, einen anderen Namen für sie einführte. Auch in dieser Rechtsfrage hat das Oberwaltungsgericht einen abweichenden Standpunkt, jedoch nur bezüglich der Privilegien eingenommen, denselben aber in neuester Zeit aufgegeben.

c) Die Reichswertzuwachssteuer.

Nach § 2 des Reichswertzuwachssteuergesetzes vom 14. Februar 1911 unterliegen der Reichswertzuwachssteuer nur die Privilegien; denn der § 2 läßt das Zuwachssteuergesetz nur Anwendung finden auf Berechtigungen, für welche die sich auf Grundstücke beziehenden Vorschriften des bürgerlichen Rechts gelten. Solche Rechte sind nun die verkäuflichen Apothekenkonzessionen nicht; denn der einzige rechtliche Unterschied zwischen ihnen und dem Privileg ist ja gerade der, daß die verkäufliche Apothekenkonzession persönlicher und nicht wie das Privileg dinglicher Natur ist. Man hat bei der Redaktion des Gesetzes wohl an die verkäufliche Apothekenkonzession nicht gedacht, sonst läge kein Grund vor, sie gerade bezüglich der Wertzuwachssteuer anders zu behandeln als die Privilegien.

d) Die Umsatzsteuer.

Auch die Umsatzsteuer kann nach den bestehenden Gesetzen nur von Berechtigungen erhoben werden, die den Grundstücken gleich behandelt werden, also nur von dinglichen; deshalb kann eine Umsatzsteuer für verkäufliche Apothekenkonzessionen nicht in Frage kommen.

Wirtschaftlich stehen verkäufliche Apothekenkonzession und Privileg gleich; sie werden im Geschäftsverkehr gleich bewertet und genau so bezahlt wie die Privilegien. Ihre geringere Besteuerung ist deshalb ungerecht, und es ist kein Grund abzusehen, warum ganz gleiche wirtschaftliche Werte, bei denen

irgendein Unterschied in der Steuerkraft nicht besteht, steuer=
rechtlich verschieden behandelt werden. Sollte nicht schon allein
diese Verschiedenheit in der Besteuerung die Frage der rechtlichen
Gleichstellung nahe legen?

VI. Schlußwort.

Ist die Verwaltungsbehörde befugt, die verkäufliche
Apothekenkonzession ohne jede Entschädigung einzuziehen?

Auch auf diese Frage, die im Kampf der Meinungen wieder=
holt aufgetaucht ist, mag hier noch eingegangen werden. Ist die
verkäufliche Apothekenkonzession, was wohl unzweifelhaft nach=
gewiesen, ein wohlerworbenes, vererbliches und veräußerliches
Recht, dann ergibt sich die Beantwortung dieser Frage von selbst.
Die Einziehung solcher Rechte ohne Entschädigung ist Konfiskation,
und deshalb kann ebensowenig von einer derartigen Einziehung
der verkäuflichen Apothekenkonzession die Rede sein wie von
einer Konfiskation etwa des Patentrechts, des Urheberrechts und
ähnlicher Gewerbeberechtigungen. Die Frage der Einziehung
ohne Entschädigung ist denn auch in der neuesten Zeit kaum
ernsthaft diskutiert worden; sie hat vielmehr der Frage der
Ablösung Platz gemacht. Und gerade der Umstand, daß man
die Notwendigkeit der Ablösung der verkäuflichen Apotheken=
konzession bei einer Reform des Apothekenwesens allgemein an=
erkennt, spricht für ihren Rechtscharakter, spricht dafür, daß man
sie als wohlerworbenes Recht ansieht.

So hat sich denn die mit verkäuflicher Apothekenkonzession
bezeichnete Gerechtsame abseits von den Gewerbeordnungen, die
sie nicht geregelt haben, als besonderes, dem Privileg analoges
Gewerberecht herausgebildet. Es wäre zweckmäßig, - auch ab=
gesehen von den Steuerfragen, um ein übersichtlicheres Apotheken=
recht zu schaffen, sie auch rechtlich dem Privileg gleichzustellen.
Man würde dadurch keine neuen Gewerbeberechtigungen schaffen,
sondern nur die bestehenden Gewerbeberechtigungen einheitlich
gestalten; denn die verkäuflichen Apothekenkonzessionen bestehen

als vererbliche und veräußerliche Gerechtsame unzweifelhaft zu Recht; sie würden durch die Gleichstellung mit den Privilegien nicht erst zu Rechten werden, sondern lediglich den Rechtscharakter als selbständige Gerechtigkeiten erhalten.

Nach erfolgter rechtlicher Gleichstellung hätte man nur zwei Kategorien von Apothekenbetriebsrechten: das Privileg und die persönliche Apothekenkonzession, ein Rechtszustand, der nicht nur im Interesse der Apotheker, sondern auch im Interesse aller Staatsbehörden läge; denn bei der jetzigen Rechtslage wird den Staatsbehörden nahezu Unmögliches zugemutet. Jeder Richter, jede Verwaltungsbehörde soll die große Fülle der Verordnungen und Gesetze kennen, die das ganz entlegene Rechtsgebiet des verkäuflichen Apothekenbetriebsrechts regeln; und diese Kenntnis wird ihnen meistens in Rechtslagen zugemutet, bei denen schnelle Entscheidung dringend notwendig. Durch die Gleichstellung würde endlich ein klarer und übersichtlicher Rechtszustand ge=schaffen werden, nach dem vor allem der Verkehr dringend verlangt.

Zum Schlusse mag noch erwähnt werden, daß das gleiche Schicksal, dem in der neuesten Zeit die verkäufliche Apotheken=konzession durch die Judikatur des Oberverwaltungsgerichts ver=fallen ist, früher auch allen anderen Apothekenbetriebsrechten zugestoßen ist, daß man nämlich ihren Rechtscharakter wiederholt angezweifelt hat und sie nicht als wohlerworbene Rechte an=erkennen wollte.

Friedrich Wilhelm I. erließ wiederholt Befehle, bei der Zwangsversteigerung von Apotheken die Privilegien nicht mit=zuversteigern. Staas=Zander zitieren Ministerialreskripte aus dem Jahre 1824, die es „für selbstverständlich" erklären, daß das Privileg nur in der Familie und nicht unbeschränkt ver=erblich ist.

Bei Staas=Zander ist Seite 9 zu § 4 der Apothekerordnung in Anmerkung 1 zitiert:

„Wenn die Erben eines privilegierten Apothekers demnächst das Gewerbe aufgeben wollen, oder die Witwe sich wieder verheiratet, oder keiner der majorennen Söhne sich zum Apotheker befähigt hat, oder endlich keine der Töchter sich an einen qualifizierten Apotheker, der die Apotheke übernehmen will, verheiratet, so versteht sich, daß sie nur das Apotheker=Inventarium,

keineswegs eine Gewerbeberechtigung an einen Dritten veräußern können, und daß es lediglich von dem Befinden der Behörde abhängt, wem sie die Gewerbeberechtigung erteilen will."
Min.-Reskr. vom 27. März, 31. Juli und 25. August 1824.

Erst ein Ministerial-Reskript von 1840 hat die Privilegien als selbständige Gerechtigkeiten anerkannt.

Auch die verkäuflichen Apothekenkonzessionen werden das Anzweifeln ihres Rechtscharakters überstehen; denn dieses Anzweifeln entbehrt jeder Begründung, und der Verkehr hat sich mit Recht um diese Zweifel nicht gekümmert, sondern die verkäufliche Apothekenkonzessionen stets als das behandelt, was sie sind, nämlich als außerordentlich wertvolle Berechtigungen.